CICÉRON

DIALOGUE

SUR L'AMITIÉ

TRADUCTION FRANÇAISE

PAR

A. LEGOUËZ

Professeur au lycée Condorcet

AVEC LE TEXTE LATIN

Prix : 0.80

PARIS
LIBRAIRIE HACHETTE ET Cie
79, BOULEVARD SAINT-GERMAIN, 79

DIALOGUE
SUR L'AMITIÉ

A LA MÊME LIBRAIRIE

Cicéron. — *De amicitia dialogus.* Texte latin, publié et annoté par M. Emile Charles, recteur de l'Académie de Lyon. 1 vol. petit in-16, cartonné . . . . 75 c.

—— *Le même ouvrage,* traduction juxtalinéaire par M. Legouëz. 1 vol. in-16, broché. . . . . 1 fr. 25

26802. — Paris. Imprimerie Lahure, rue de Fleurus, 9.

CICÉRON

DIALOGUE
SUR L'AMITIÉ

TRADUCTION FRANÇAISE

PAR

A. LEGOUËZ

Professeur au lycée Condorcet

AVEC LE TEXTE LATIN

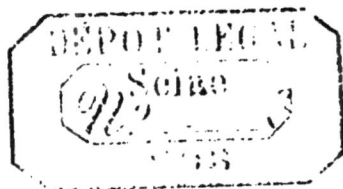

PARIS
LIBRAIRIE HACHETTE ET Cie
79, BOULEVARD SAINT-GERMAIN, 79

1893

ARGUMENT ANALYTIQUE.

« Ce dialogue, dit M. J.-V. Le Clerc, fut composé peu de temps après celui *De la Vieillesse*[1], que l'auteur cite même dans le préambule, où il établit une espèce de parallèle entre les deux ouvrages. Ici, le principal interlocuteur est C. Lélius, l'ami du second Africain ; il cède à l'empressement de ses gendres C. Fannius et Q. Mucius Scévola, qui veulent l'entendre parler sur l'amitié. La scène se passe quelques jours après la mort de Scipion, l'an de Rome 624 (130 avant J.-C.), sous le consulat de C. Sempronius Tuditanus et de M. Aquillius. »

Cicéron avait adressé le traité *De la Vieillesse* à T. Pomponius Atticus ; il lui adresse aussi le dialogue *Sur l'Amitié*, comme à son ami le plus cher et le plus fidèle.

Le plan de ce dialogue est loin d'être aussi régulier que celui du traité *De la Vieillesse*, soit que le sujet ne comportât pas la même régularité, soit que l'auteur ait voulu éviter la sécheresse d'un traité purement didactique, et se rapprocher davantage de la forme d'une conversation familière. Il est donc impossible d'en donner une analyse exacte et complète ; nous en tracerons seulement les principales divisions.

Après le préambule dont nous avons parlé ci-dessus (ch. Ier), et où Cicéron explique qu'il a recueilli, de la bouche de Scévola luimême, le dialogue qui va suivre, les interlocuteurs entrent en scène. — Quelques paroles échangées entre Lélius et ses gendres sur la mort de Scipion et sur l'amitié qui l'unissait à ce grand homme (ch. II -IV) fournissent à ceux-ci l'occasion de prier leur beau-père de leur communiquer ses idées sur l'amitié, et Lélius, après quelques hésitations (ch. V), se rend à leurs prières.

1. L'an de Rome 710, avant J.-C. 44.

DIALOGUE SUR L'AMITIÉ. 1

Il donne d'abord (ch. vi) la définition de l'amitié, qui, selon lui, n'est autre chose qu'un parfait accord sur toutes les choses divines et humaines, joint à un sentiment mutuel de bienveillance et d'affection.

Il examine ensuite (ch. vii et viii) quels sont les motifs qui nous portent à rechercher l'amitié, réfute l'opinion de ceux qui ne voient dans ce sentiment qu'un calcul d'intérêt, et place l'origine de l'amitié dans la nature même, lui donnant pour fondement la sympathie qui résulte de la conformité des caractères et des goûts, et l'affection qui suit la probité et la vertu.

Les deux chapitres suivants (ix et x) ont principalement pour but de prouver que l'amitié ne peut s'établir qu'entre gens de bien ; mais l'auteur revient sur cette idée dans plusieurs endroits du dialogue.

Il passe ensuite en revue (ch. xi-xxvi) les lois et les devoirs de l'amitié. Comme il est difficile que l'amitié puisse subsister si l'on s'écarte de la vertu, et pour montrer en même temps où doit s'arrêter le zèle d'un ami, Lélius établit en principe, comme loi fondamentale de l'amitié, que nous ne devons ni demander ni accorder à nos amis rien de honteux, que nous devons au contraire réclamer d'eux et faire pour eux tout ce qui est honnête (ch. xii et xiii); il détermine en outre quelles sont les véritables limites et pour ainsi dire les bornes de l'amitié (ch. xvi). — De là une suite de conseils sur la manière dont il faut choisir ses amis (ch. xvii-xix), sur les moyens propres à conserver l'amitié (ch. xix-xx), sur la nécessité de rompre quelquefois avec des amis vicieux ou coupables (ch. xxi), sur les précautions à prendre pour prévenir ce malheur (ch. xxi-xxiii), sur les caractères qui servent à distinguer l'ami véritable du flatteur (ch. xxiv-xxv), etc. Beaucoup de détails, qui se dérobent à l'analyse, sont en outre contenus dans cette partie du dialogue.

Enfin Lélius en revient à la vertu, qui seule a le privilége de former les véritables amitiés et de les rendre durables. En finissant, il exhorte ses gendres à ne rien mettre au-dessus de l'amitié, si ce n'est la vertu. — L'éloge de Scipion termine le discours de Lélius, comme il en a été le début.

Avant Cicéron, Théophraste avait écrit un traité *de l'Amitié*, qui est aujourd'hui perdu, et auquel l'auteur latin paraît avoir fait de fréquents emprunts. Platon, dans le *Lysis*, et Aristote dans sa *Morale à Nicomaque* (liv. VIII), avaient aussi abordé cette question

Après Cicéron, nous avons sur ce sujet : chez les anciens, le traité de Plutarque *Sur la Distinction de l'Ami et du Flatteur*, et le *Toxaris* de Lucien ; — chez les modernes, le beau chapitre de Montaigne *Sur l'Amitié* (liv. I des *Essais*, ch. XXVII), les deux traités de Louis de Sacy (publié en 1702), et de son amie madame de Lambert (publié en 1736), etc.

LÆLIUS,

SEU

DE AMICITIA DIALOGUS.

AD T. POMPONIUM ATTICUM.

———

I. 1. Q. Mucius augur [1] multa narrare de C. Lælio socero
suo memoriter et jucunde solebat, nec dubitare illum in
omni sermone appellare sapientem. Ego autem a patre ita
eram deductus ad Scævolam, sumpta virili toga [2], ut, quoad
possem et liceret, a senis latere nunquam discederem. Itaque
multa ab eo prudenter disputata, multa [etiam] breviter et
commode dicta memoriæ mandabam, fierique studebam ejus
prudentia doctior. Quo mortuo, me ad pontificem Scævolam [3]
contuli, quem unum nostræ civitatis et ingenio et justitia
præstantissimum audeo dicere. Sed de hoc alias : nunc redeo
ad augurem.

I. 1. Q. Mucius Scévola l'augure aimait à parler sans cesse de
son beau-père, C. Lélius, et dans ses récits, fidèles et pleins de grâce,
il n'hésitait point à lui donner toujours le nom de sage. Dès que
j'eus pris la robe virile, je fus conduit par mon père chez ce même
Scévola, et si bien recommandé, que tant que je le pouvais et qu'il
m'était permis, je ne m'éloignais jamais des côtés de ce vieillard.
Aussi, dissertations savantes, sentences courtes et ingénieuses, re-
cueillant tout de sa bouche, je le gravais dans ma mémoire, et je
m'appliquais à m'enrichir de sa science. Après sa mort, je m'attachai
à Scévola le pontife, que je ne crains pas de déclarer l'homme le plus
éminent de notre ville, et par ses lumières, et par sa justice. Mais
j'en parlerai ailleurs : je reviens à l'augure.

2. Quum sæpe multa, tum memini, domi in hemicyclio[1], sedentem, ut solebat, quum et ego essem una et pauci admodum familiares, in eum sermonem illum incidere, qui tum fere [omnibus] erat in ore. Meministi enim profecto, Attice, eo magis, quod P. Sulpicie utebare multum, quum is, tribunus plebis, capitali odio a Q. Pompeio, qui tum erat consul, dissideret, quocum conjunctissime et amantissime vixerat, quanta esset hominum vel admiratio, vel querela.

3. Itaque tum Scævola, quum in eam ipsam mentionem incidisset, exposuit nobis sermonem Lælii de amicitia, habitum ab illo secum et cum altero genero C. Fannio, M. F., paucis diebus post mortem Africani[2]. Ejus disputationis sententias memoriæ mandavi, quas hoc libro exposui arbitratu meo. Quasi enim ipsos induxi loquentes, ne *Inquam* et *Inquit* sæpius

2. Je me souviens, entre autres choses, qu'assis un jour, selon sa coutume, dans son hémicycle, avec quelques amis au nombre desquels je me trouvais, il vint à parler d'un événement qui était alors dans la bouche de tout le monde. Vous vous rappelez, Atticus, et d'autant mieux que vous fréquentiez beaucoup P. Sulpicius, quelle surprise et quel mécontentement éclatèrent dans Rome lorsque ce tribun du peuple déclara une haine mortelle à Q. Pompéius, alors consul, avec lequel il avait vécu jusqu'alors dans la plus étroite et la plus vive amitié.

3. Cet événement fournit à Scévola l'occasion de nous rapporter un entretien que Lælius avait eu sur l'amitié avec lui et son autre gendre, C. Fannius, fils de Marcus, peu de jours après la mort de Scipion l'Africain. J'en ai retenu les pensées dans ma mémoire, et je les ai exposées dans ce traité, à ma manière. J'y ai fait parler les personnages eux-mêmes, pour ne point entrecouper continuellement le discours de ces mots : *dis-je* et *dit-il*, et pour qu'on pût se croire en

interponeretur, atque ut tanquam a præsentibus coram ha-
beri sermo videretur. Quum enim sæpe mecum ageres, ut de
amicitia scriberem aliquid, digna mihi res quum omnium cognitione, tum nostra familiaritate visa est. Itaque feci non invitus, ut prodessem multis rogatu tuo.

4. Sed, ut in *Catone Majore*[1], qui est scriptus ad te de senectute, Catonem induxi senem disputantem, quia nulla videbatur aptior persona, quæ de illa ætate loqueretur, quam ejus,
qui et diutissime senex fuisset, et in ipsa senectute præter ce-
teros floruisset : sic, quum accepissemus a patribus maxime
memorabilem C. Lælii et P. Scipionis familiaritatem fuisse,
idonea mihi Lælii persona visa est, quæ de amicitia ea ipsa
dissereret, quæ disputata ab eo meminisset Scævola. Genus
autem hoc sermonum, positum in hominum veterum auctori-

présence des interlocuteurs. Bien souvent vous m'avez pressé, cher
Atticus, d'écrire sur l'amitié, et ce sujet m'a paru également digne
de l'attention du public et de l'intimité qui règne entre nous. Je me
suis donc décidé sans peine, persuadé qu'en cédant à votre prière, je
ferais en même temps un ouvrage utile à bien des gens.

4. Dans le *Caton l'Ancien*, que j'ai écrit pour vous et où je traite de la
vieillesse, j'ai mis en scène le vieux Caton, parce qu'aucun personnage
ne me paraissait plus propre à parler de cet âge que celui qui avait été
vieux si longtemps, et qui, dans la vieillesse même, s'était illustré plus
que tout autre : de même ici, l'amitié de Lélius et de Scipion ayant été,
au dire de nos pères, plus que toute autre digne de mémoire, il m'a
semblé convenable de mettre dans la bouche de Lélius cette dissertation
que Scévola se rappelait lui avoir entendu faire. Ce genre de discours,
ainsi soutenu de l'autorité des hommes d'autrefois, et des plus dis-

tate, et eorum illustrium, plus, nescio quo pacto, videtur habere gravitatis. Itaque, ipse mea legens, sic afficior interdum, ut Catonem, non me, loqui existimem.

5. Sed, ut tum ad senem senex de senectute, sic hoc libro ad amicum amicissimus de amicitia scripsi. Tum est Cato locutus, quo erat nemo fere senior temporibus illis, nemo prudentior : nunc Lælius, et sapiens (sic enim est habitus), et amicitiæ gloria excellens, de amicitia loquitur. Tu velim animum a me parumper avertas, Lælium loqui ipsum putes. — C. Fannius et Q. Mucius ad socerum veniunt post mortem Africani : ab his sermo oritur. Respondet Lælius : cujus tota disputatio est de amicitia, quam legens tu te ipsum cognosces.

II. 6. Fannius. Sunt ista, Læli. Nec enim melior vir fuit Africano quisquam, nec clarior. Sed existimare debes, omnium

tingués, semble, je ne sais comment, acquérir plus de gravité. Aussi, quand je relis mon ouvrage, je suis quelquefois frappé d'illusion au point de croire que c'est Caton qui parle et non pas moi.

5. C'était alors un vieillard qui écrivait sur la vieillesse à un autre vieillard : de même aujourd'hui, c'est un ami très-tendre qui écrit sur l'amitié à son ami. Là, c'est Caton qui parle, parce que c'est l'homme le plus sage et presque le plus vieux de son temps; ici c'est Lélius le Sage (car il eut ce surnom) et l'ami célèbre, qui traite de l'amitié. Maintenant veuillez pour un moment ne plus songer à moi, et croyez entendre Lélius lui-même. — C. Fannius et Q. Mucius Scévola viennent chez leur beau-père après la mort de l'Africain : ils ouvrent l'entretien. Lélius leur répond : tout son discours roule sur l'amitié. En le lisant, vous vous reconnaîtrez vous-même.

II. 6. Fannius. Vous avez raison, Lélius. Jamais homme ne fut ni meilleur, ni plus illustre que l'Africain. Mais vous devez penser que maintenant tous les yeux sont tournés vers vous : c'est vous seul

oculos nunc in te esse conjectos : unum [1] te sapientem et appellant et existimant. Tribuebatur hoc modo M. Catoni; scimus L. Atilium apud patres nostros appellatum esse sapientem ; sed uterque alio quodam modo : Atilius, quia prudens esse in jure civili putabatur; Cato, quia multarum rerum usum haberet (multa ejus et in senatu, et in foro, vel provisa prudenter, vel acta constanter, vel responsa acute, ferebantur), propterea quasi cognomen jam habebat in senectute sapientis. Te autem alio quodam modo, non solum natura et moribus, verum etiam studio et doctrina esse sapientem ; nec sicut vulgus, sed ut eruditi solent appellare sapientem, qualem in Græcia neminem (nam qui septem appellantur, eos, qui ista subtilius quærunt, in numero sapientium non habent) : Athenis unum accepimus, et eum quidem etiam Apollinis oraculo sapientissimum judicatum.

7. Hanc esse in te sapientiam existimant, ut omnia tua in

---

qu'on regarde comme sage, vous seul qu'on appelle de ce nom. De nos jours, M. Caton obtint aussi ce titre ; nous savons que, chez nos pères, L. Atilius fut appelé le Sage mais tous deux durent ce surnom à des mérites différents : Atilius le dut à sa connaissance profonde du droit civil, et Caton, à son immense expérience ; que de fois, en effet, et dans le sénat et sur le forum, il brilla par son admirable prévoyance, sa fermeté dans l'action, ses vives reparties ! On le citait partout, et c'est ainsi que dans sa vieillesse il possédait déjà, pour ainsi dire, le surnom de sage. Pour vous, vous avez mérité ce titre d'une autre manière. non-seulement par vos qualités naturelles et votre caractère, mais aussi par vos études et vos principes ; vous êtes sage. non comme l'entend le vulgaire, mais comme le comprennent les gens instruits, et comme il n'en a jamais existé en Grèce (car pour ces juges délicats, ceux qu'on appelle les *sept* ne comptent pas au nombre des sages). A Athènes, il n'y en eut. dit-on. qu'un seul ; c'est celui que l'oracle d'Apollon déclara le plus sage des hommes.

7. Votre sagesse, à vous, telle qu'on la juge, consiste à placer tous

te posita ducas, humanosque casus virtute inferiores putes.
Itaque ex me quærunt, credo item ex hoc [Scævola], quonam
pacto mortem Africani feras : eoque magis, quod his proximis
Nonis, quum in hortos D. Bruti auguris [1], commentandi causa,
ut assolet, venissemus, tu non adfuisti, qui diligentissime sem·
per illum diem et illud munus solitus esses obire.

8. SCÆVOLA. Quærunt quidem, C. Læli, multi, ut est a
Fannio dictum : sed ego id respondeo, quod animadverti, te
dolorem, quem acceperis quum summi viri, tum amicissimi
morte, ferre moderate; nec potuisse non commoveri, nec fuisse
id humanitatis tuæ : quod autem his Nonis in collegio nostro
non adfuisses, valetudinem causam, non mœstitiam fuisse.
LÆLIUS. Recte tu quidem, Scævola, et vere. Nec enim ab isto
officio, quod semper usurpavi, quum valerem, abduci incom-

vos biens en vous-même et à regarder la vertu comme supérieure à
tous les événements humains. Aussi me demande-t-on, et à Scévola
aussi, je crois, comment vous supportez la mort de l'Africain, surtout
parce qu'on a remarqué qu'aux Nones dernières, quand nous nous
rendîmes tous dans les jardins de D. Brutus l'augure pour nos conférences ordinaires, vous étiez absent, vous qui jusqu'alors aviez été
l'observateur le plus exact de ce jour et de ce devoir.

8. SCÉVOLA. Oui, Lélius, beaucoup de gens m'interrogent, comme
l'a dit Fannius : et moi je leur réponds, ce que j'ai remarqué, que
vous supportez avec modération la douleur que vous a causée la mort
d'un si grand homme et d'un ami si cher; que vous n'avez pas pu
n'être pas affecté, ce qui eût été contraire à la sensibilité de votre
cœur, et que si aux dernières Nones vous n'avez point assisté à notre
conférence, il faut en attribuer la cause à votre santé et non à l'excès
de votre affliction. LÉLIUS. Vous avez raison, Scévola, et ce que
vous dites est vrai. Je n'ai pas dû, pour une douleur qui m'était per-
sonnelle, me laisser distraire d'un devoir que j'ai toujours rempli

modo meo debui; nec ullo casu arbitror hoc constanti homini
posse contingere, ut ulla intermissio fiat officii.

9. Tu autem, Fanni, qui mihi tantum tribui dicis, quantum
ego nec agnosco nec postulo, facis amice : sed, ut mihi vide-
ris, non recte judicas de Catone. Aut enim nemo, quod quidem magis credo, aut, si quisquam, ille sapiens fuit. Quomodo,
ut alia omittam, mortem filii tulit! Memineram Paullum, vi-
deram Gallum : sed hi in pueris, Cato in perfecto et spectato
viro.

10. Quamobrem cave Catoni anteponas ne istum quidem
ipsum, quem Apollo, ut ais, sapientissimum judicavit. Hujus
enim facta, illius dicta laudantur. De me autem, ut jam cum
utroque loquar, sic habetote.

III. Ego, si Scipionis desiderio me moveri negem, quam id
recte faciam, viderint sapientes; sed certe mentiar. Moveor

tant que ma santé le permettait, et je ne pense pas que, dans aucun
cas, un homme ferme puisse être autorisé à interrompre ses fonc-
tions.

9. Pour vous, Fannius, quand vous m'attribuez une gloire bien
supérieure à ce que je mérite et à ce que je réclame, vous n'écoutez que
votre amitié pour moi; mais il me semble que vous jugez mal Caton.
Ou jamais il n'y a eu de sage, et c'est assez mon opinion, ou s'il en
a existé, ce fut lui. Pour ne citer qu'un seul trait, comment sup-
porta-t-il la mort de son fils! J'avais entendu parler de Paul Émile,
j'avais vu Gallus; mais ceux-ci n'avaient perdu que des enfants;
Caton perdait en son fils un homme fait et déjà éprouvé.

10. Gardez-vous donc de mettre personne au-dessus de Caton, pas
même celui qu'Apollon, selon vous, déclara le plus sage des hommes.
On vante les paroles de Socrate; mais on loue les actions de Caton.
Pour ce qui est de moi, et maintenant je m'adresse à tous deux, voici
ce que vous devez en penser.

III. Si je disais que je ne suis point affecté de la perte de Scipion,
ce serait aux sages à décider jusqu'à quel point j'ai raison de ne pas
l'être; mais certainement je mentirais. Je souffre en effet d'être privé

eɒim, tali amico orbatus, qualis, ut arbitror, nemo unquam
erit ; ut confirmare possum, nemo certe fuit. Sed non egeo me-
dicina : me ipse consolor, et maxime illo solatio, quod eo er-
rore careo, quo, amicorum decessu, plerique angi solent.
Nihil enim mali accidisse Scipioni puto. Mihi accidit, si quid
accidit. Suis autem incommodis graviter angi, non amicum, sed
se ipsum amantis est.

11. Cum illo vero quis neget actum esse præclare? Nisi
enim, quod ille minime putabat, immortalitatem optare vellet,
quid non est adeptus, quod homini fas esset optare? qui sum-
mam spem civium quam de eo jam puero habuerant, conti-
nuo adolescens incredibili virtute superavit; qui consulatum
petiit nunquam, factus est consul bis¹ : primum ante tempus,
iterum sibi suo tempore, reipublicæ pæne sero; qui, duabus
urbibus eversis, inimicissimis huic imperio, non modo præsen-

d'un ami comme il n'en sera jamais, selon moi, et comme, j'ose ici
l'affirmer, il n'en a jamais été. Cependant ma douleur n'est point sans
remède : je trouve ma consolation en moi-même, et surtout dans la
pensée que je suis exempt de cette erreur qui pour tant de gens rend
si cruelle la perte de leurs amis. Je ne pense point qu'il soit arrivé
rien de mal à Scipion; s'il y a mal, ce n'est que pour moi. Or, s'affliger de ses propres maux, ce n'est point le fait d'un ami, mais celui
d'un égoïste.

11. Qui oserait nier que la destinée de Scipion n'ait été admirable?
A moins qu'il ne voulût prétendre à l'immortalité, ce qui n'entra
jamais dans sa pensée, n'a-t-il pas obtenu tout ce qu'il est permis à
un homme de souhaiter? Les hautes espérances que, dès son enfance,
il fit concevoir de lui à ses concitoyens, il les surpassa, dans sa
jeunesse, par une vertu extraordinaire; jamais il ne demanda le
consulat, et il fut deux fois consul : d'abord avant l'âge; ensuite en
son temps, et presque trop tard pour la République; enfin, par la
ruine des deux villes les plus mortelles ennemies de l'empire romain,

tia, verum etiam futura bella delevit. Quid dicam de moribus facillimis? de pietate in matrem, liberalitate in sorores, bonitate in suos, justitia in omnes? Nota sunt vobis. Quam autem civitati carus fuerit, mœrore funeris judicatum est. Quid.igitu. hunc paucorum annorum accessio juvare potuisset? Senectu enim, quamvis non sit gravis, ut memini Catonem anno ante quam mortuus est mecum et cum Scipione disserere, tamen aufert eam viriditatem, in qua etiamnum erat Scipio.

12. Quamobrem vita quidem talis fuit, vel fortuna, vel gloria, ut nihil posset accedere. Moriendi autem sensum celeritas abstulit; quo de genere mortis difficile dictu est; quid homines suspicentur [1], videtis. Hoc tamen vere licet dicere, P. Scipioni ex multis diebus, quos in vita celeberrimos lætissimosque viderit, illum diem clarissimum fuisse, quum, senatu dimisso, domum reductus ad vesperum est a patribus con-

---

il étouffa non-seulement les guerres présentes, mais les guerres futures. Que dire de ses mœurs si faciles, de sa piété envers sa mère, de sa libéralité envers ses sœurs, de sa bonté pour les siens, de sa justice pour tous? Tout cela vous est connu. Le deuil de ses funérailles a fait voir combien il était cher à ses concitoyens. Quel plaisir donc pouvaient lui procurer quelques années ajoutées à son existence? La vieillesse, en effet, sans être un fardeau, comme je me souviens que Caton le démontra à Scipion et à moi, un an avant sa mort, la vieillesse nous ravit cette verdeur dont Scipion jouissait encore.

12. Ainsi donc, telles ont été sa vie, sa fortune et sa gloire, que rien ne pouvait s'y ajouter. La promptitude de sa mort lui en a épargné le sentiment ; quant à ce genre de mort, on ne sait trop qu'en dire; vous savez ce que le public en soupçonne. Mais ce qu'on peut dire avec vérité, c'est que de tant de jours si brillants et si heureux pour Scipion, il n'en fut point de plus glorieux que la veille de sa mort, lorsque le soir, après la séance du sénat, il fut reconduit à sa maison

scriptis, populo Romano, sociis et Latinis, pridie quam excessit e vita : ut ex tam alto dignitatis gradu ad superos videatur Deos potius quam ad inferos pervenisse.

IV. 13. Neque enim assentior iis, qui [1] hæc nuper disserere cœperunt, cum corporibus simul animos interire, atque omnia morte deleri. Plus apud me antiquorum auctoritas valet, vel nostrorum majorum, qui mortuis tam religiosa jura tribuerunt, quod non fecissent profecto, si nihil ad eos pertinere arbitrarentur : vel eorum, qui in hac terra fuerunt, Magnamque Græciam, quæ nunc quidem deleta est, tunc florebat, institutis et præceptis suis erudierunt : vel ejus, qui Apollinis oraculo sapientissimus est judicatus : qui non tum hoc, tum illud, ut in plerisque, sed idem semper, animos hominum esse divinos, iisque, quum e corpore excessissent, reditum in cœlum patere, optimoque et justissimo cuique expeditissimum.

par les pères conscrits, le peuple romain, les alliés et les Latins : aussi nous semble-t-il que d'un si haut degré de gloire il a dû plutôt monter vers les cieux que descendre aux enfers.

IV. 13. Car je ne suis pas de l'avis de ceux qui tout récemment se sont mis à soutenir que l'âme périt avec le corps, et que tout est détruit par la mort. Je préfère me soumettre à l'autorité des anciens, à celle de nos pères, qui rendaient aux morts des honneurs religieux (ce qu'ils n'eussent point fait sans doute s'ils avaient cru qu'ils y étaient insensibles) ; à celle de ces philosophes qui vécurent en Italie, et dont les préceptes et la doctrine instruisirent la Grande-Grèce, aujourd'hui bien déchue, mais alors florissante ; à celle de cet homme que l'oracle d'Apollon déclara le plus sage, et qui sur cette question ne disait pas, comme sur la plupart des autres, tantôt une chose, tantôt une autre, mais toujours la même, c'est-à-dire que les âmes des hommes sont divines, et qu'à leur sortie du corps le retour vers le ciel leur est ouvert, retour d'autant plus facile qu'elles ont été plus justes et plus pures.

14. Quod item Scipioni videbatur : qui quidem, quasi præsagiret, perpaucis ante mortem diebus, quum et Philus et Manilius [1] adessent, et alii plures, tuque etiam, Scævola, mecum venisses, triduum disseruit de republica : cujus disputationis fuit extremum fere de immortalitate animorum : quæ se in quiete per visum [2] ex Africano audisse dicebat. Id si ita est, ut optimi cujusque animus in morte facillime evolet tanquam e custodia vinclisque corporis : cui censemus cursum ad Deos faciliorem fuisse, quam Scipioni? Quocirca, mœrere hoc ejus eventu, vereor ne invidi magis quam amici sit. Sin autem illa veriora, ut idem interitus sit animorum et corporum, nec ullus sensus maneat, ut nihil boni est in morte, sic certe nihil mali. Sensu enim amisso, fit idem, quasi natus non esset omnino : quem tamen esse natum et nos gaudemus, et hæc civitas, dum erit, lætabitur.

14. C'était aussi l'opinion de Scipion : peu de temps avant sa mort, comme s'il en avait déjà le pressentiment, en présence de Philus, de Manilius et de plusieurs autres, de vous aussi, Scévola (car vous m'aviez accompagné), il discourut trois jours entiers sur la république : la fin de cet entretien roula presque tout entière sur l'immortalité de l'âme, et Scipion disait nous rapporter les paroles de l'Africain qui lui était apparu en songe. S'il est vrai que l'âme du plus vertueux s'envole le plus facilement, au moment où la mort la dégage de la prison et des liens du corps, à qui pensez-vous que le retour vers les Dieux ait dû être plus facile qu'à Scipion? Je craindrais donc, en m'affligeant de cet événement, de montrer plus d'envie que d'amitié. S'il est vrai, au contraire, qu'une même fin anéantit l'âme et le corps, et qu'aucun sentiment ne survit, comme il n'y a aucun bien dans la mort, il n'y a également aucun mal. Car le sentiment une fois éteint, c'est absolument comme si l'on n'était jamais né ; en tout cas, que Scipion soit né, c'est ce qui fait notre bonheur, et ce qui sera pour Rome, tant qu'elle existera, un sujet d'allégresse.

15. Quamobrem cum illo quidem, ut supra dixi, actum optime est; mecum incommodius : quem fuerat æquius, ut prius introieram, sic prius exire de vita. Sed tamen recordatione nostræ amicitiæ sic fruor, ut beato vixisse videar, quia cum Scipione vixerim : quocum mihi conjuncta cura de re publica et de privata fuit, quocum et domus et militia communis ; et id, in quo est omnis vis amicitiæ, voluntatum, studiorum, sententiarum summa consensio. Itaque non tam ista me sapientiæ, quam modo Fannius commemoravit, fama delectat, falsa præsertim, quam quod amicitiæ nostræ memoriam spero sempiternam fore ; idque mihi eo magis est cordi, quod ex omnibus sæculis vix tria aut quatuor ¹ nominantur paria amicorum : quo in genere sperare videor Scipionis et Lælii amicitiam notam posteritati fore.

16. Fannius. Istud quidem, Læli, ita necesse est. Sed, quo-

---

15. Ainsi donc, comme je l'ai déjà dit, le destin a été tout à fait favorable à Scipion : il n'a été cruel que pour moi : entré le premier dans la vie, j'aurais dû en sortir aussi le premier. Cependant le souvenir de notre amitié est pour moi une jouissance telle, qu'il me semble avoir vécu heureux parce que j'ai vécu avec Scipion : entre nous tout était commun, les soins de la vie publique et ceux de la vie privée ; même conduite à Rome, mêmes travaux dans les camps ; enfin, ce qui fait surtout la force de l'amitié, parfait accord de volontés, de goûts, de pensées. Aussi ce qui me charme bien plus que cette réputation de sagesse dont Fannius parlait tout à l'heure, et que d'ailleurs je ne mérite point, c'est l'espoir que le souvenir de notre amitié sera éternel ; j'y tiens d'autant plus que toute la suite des siècles nous offre à peine trois ou quatre exemples d'amitiés parfaites : j'ose espérer que, sous ce rapport, l'amitié de Scipion et de Lélius sera connue de la postérité.

16. Fannius. C'est ce qui arrivera nécessairement, Lélius. Mais.

nfam amicitiæ mentionem fecisti, et sumus otiosi, pergratum
mihi feceris (spero item Scævolæ), si, quemadmodum soles
de ceteris rebus, quum ex te quæruntur, sic de amicitia dispu-
taris, quid sentias, qualem existimes, quæ præcepta des.
Scævola. Mihi vero [pergratum erit] : atque, id ipsum quum
tecum agere conarer, Fannius antevertit. Quamobrem utrique
nostrum gratum admodum feceris.

V. 17. Lælius. Ego vero non gravarer, si mihi ipse confi-
derem. Nam et præclara res est, et sumus, ut dixit Fannius,
otiosi. Sed quis ego sum? aut quæ in me est facultas? Docto-
rum est ¹ ista consuetudo, eaque Græcorum, ut iis ponatur,
de quo disputent quamvis subito. Magnum opus est, egetque
exercitatione non parva. Quamobrem quæ disputari de amicitia possunt, ab eis censeo petatis, qui ista profitentur. Ego
vos hortari tantum possum, ut amicitiam omnibus rebus hu-

puisque vous en êtes sur l'amitié, et que nous en avons le loisir, vous
me feriez un plaisir extrême, et à Scévola aussi, je l'espère, si,
comme vous le faites pour toutes les autres questions qui vous sont
soumises, vous nous exposiez ce que vous pensez de l'amitié, comment vous l'entendez, et quels préceptes vous en donnez. Scévola.
Oui, certes, ce serait pour moi un plaisir extrême, et j'allais vous
adresser cette même demande quand Fannius m'a prévenu. Vous
ferez donc quelque chose d'infiniment agréable pour tous deux.

V. 17. Lélius. Je le ferais volontiers si je m'en sentais capable.
Le sujet est beau, et, comme dit Fannius, nous en avons le loisir.
Mais qui suis-je, et quel est mon talent? C'est la coutume des habiles, surtout chez les Grecs, de traiter ainsi tous les sujets qu'on leur
propose, et même à l'improviste. La tâche est difficile et demande
beaucoup de pratique. Si donc vous voulez savoir ce qu'on peut dire
sur l'amitié, je vous engage à le demander à ceux qui font métier de
parler ainsi de tout. Pour moi, je ne peux que vous exhorter à mettre
l'amitié au-dessus de toutes les choses humaines : car il n'est rien d

2

manis anteponatis; nihil est enim tam naturæ aptum, tam conveniens ad res vel secundas, vel adversas.

18. Sed hoc primum sentio, nisi in bonis amicitiam esse non posse : neque id ad vivum reseco, ut illi, qui hæc subtilius disserunt [1], fortasse vere, sed ad communem utilitatem parum. Negant enim, quemquam virum bonum esse, nisi sapientem. Sit ita sane; sed eam sapientiam interpretantur, quam adhuc mortalis nemo est consecutus : nos autem ea, quæ sunt in usu vitaque communi, non ea, quæ finguntur aut optantur, spectare debemus. Nunquam ego dicam C. Fabricium, M'. Curium, Tib. Coruncanium, quos sapientes nostri majores judicabant, ad istorum normam fuisse sapientes. Quare sibi habeant sapientiæ nomen, et invidiosum et obscurum : concedant, ut hi boni viri fuerint. Ne id quidem facient : negabunt id nisi sapienti posse concedi. Agamus igitur *pingui Minerva,* ut aiunt.

plus propre à notre nature, rien qui convienne mieux et à la bonne et à la mauvaise fortune.

18. Mais je pense d'abord que l'amitié ne peut exister qu'entre les gens de bien; et ici je ne force point la signification des mots et ne tranche point dans le vif, comme ces disputeurs subtils dont les définitions sont justes peut-être, mais sans utilité publique. Ils soutiennent en effet qu'il n'y a d'autre homme de bien que le sage. Soit, j'y consens; mais la sagesse, telle qu'ils l'entendent, personne encore n'a pu y atteindre : nous, au contraire, nous devons rechercher ce qui est dans l'usage et dans la vie ordinaire, et non des fictions ou de vains rêves. Je ne pourrais jamais dire que les Fabricius, les Curius, les Coruncanius, ces hommes que nos ancêtres regardaient comme des sages, l'aient été selon la définition de ces philosophes. Qu'ils gardent donc pour eux cette sagesse, si exclusive et si mystérieuse, et qu'ils nous accordent que ce furent là des gens de bien. Encore ne le feront-ils pas : ils diront que ce titre ne convient qu'au sage. Allons donc toujours, et contentons-nous, comme on dit, du gros bon sens.

19. Qui ita se gerunt, ita vivunt, ut eorum probetur fides, integritas, æquitas, liberalitas, nec sit in eis ulla cupiditas, vel libido, vel audacia, sintque magna constantia, ut ii fuerunt, modo quos nominavi : hos viros bonos, ut habiti sunt, sic etiam appellandos putemus; quia sequantur, quantum homines possunt, naturam, optimam bene vivendi ducem. Sic enim mihi perspicere videor, ita natos esse nos, ut inter omnes esset societas quædam : major autem, ut quisque proxime accederet. Itaque cives potiores quam peregrini ; propinqui quam alieni. Cum his enim amicitiam natura ipsa peperit : sed ea non satis habet firmitatis. Namque hoc præstat amicitia propinquitati, quod ex propinquitate benevolentia tolli potest, ex amicitia non potest : sublata enim benevolentia, amicitiæ nomen tollitur, propinquitatis manet.

20. Quanta autem vis amicitiæ sit, ex hoc intelligi maximo

19. Des hommes qui vivent et se conduisent de façon à ne montrer que bonne foi, intégrité, justice, libéralité ; en qui on ne voit ni cupidité, ni passions honteuses ou violentes ; dont la fermeté est inébranlable ; des hommes enfin tels que furent ceux que je viens de nommer, méritent ce nom d'hommes de bien qu'on leur donnait de leur vivant : car ils suivaient, autant que les hommes le peuvent, la nature, le meilleur guide pour bien vivre. Je crois voir, en effet, que nous sommes nés pour former tous ensemble une même société, d'autant plus étroite que la nature nous rapproche davantage les uns des autres. Ainsi nous préférons nos concitoyens aux étrangers, nos parents à ceux qui ne le sont pas. En effet, la nature elle-même a créé une sorte d'amitié entre les parents, mais ce lien n'a rien de solide. L'amitié l'emporte en cela sur la parenté, que celle-ci peut exister sans l'affection, et que l'amitié ne le peut pas. Détruisez l'affection, le nom d'amitié disparaît, celui de parenté reste.

20. Ce qui peut surtout donner une idée de la toute-puissance de

potest, quod ex infinita societate generis humani, quam conci-
liavit ipsa natura, ita contracta res est et adducta in angustum,
ut omnis caritas aut inter duos aut inter paucos jungeretur.

VI. Est autem amicitia nihil aliud, nisi omnium divinarum
humanarumque rerum cum benevolentia et caritate summa
consensio : qua quidem haud scio an, excepta sapientia, quidquam melius homini sit a Diis immortalibus datum. Divitias
alii præponunt, bonam alii valetudinem, alii potentiam, alii
honores, multi etiam voluptates. Belluarum hoc quidem extremum est : illa autem superiora caduca et incerta, posita non
tam in consiliis nostris, quam in fortunæ temeritate. Qui autem in virtute summum bonum ponunt, præclare illi quidem[1] :
sed hæc ipsa virtus amicitiam et gignit et continet; nec sine
virtute amicitia esse ullo pacto potest.

21. Jam virtutem ex consuetudine vitæ sermonisque nostri
interpretemur : nec eam, ut quidam docti, verborum magni-

l'amitié, c'est que dans la société infinie du genre humain, que la
nature elle-même a formée, l'amitié véritable restreint et resserre à
tel point le cercle de ses affections, qu'elle n'unit jamais que deux
hommes ou un très-petit nombre d'hommes.

VI. Or, l'amitié n'est autre chose qu'un parfait accord sur toutes
les choses divines et humaines, joint à un sentiment mutuel de bienveillance et d'affection ; et je ne sais si, la sagesse exceptée, l'homme
a rien reçu de meilleur des Dieux immortels. Les uns préfèrent les
richesses, les autres la santé, ceux-ci la puissance, ceux-là les honneurs, beaucoup même les plaisirs. Ce dernier sentiment est digne de
la brute ; quant aux autres biens, ils sont incertains, périssables, et
dépendent moins de nos calculs que des caprices de la fortune.
Ceux-là sont sages, qui placent le souverain bien dans la vertu ; mais
cette vertu elle-même, c'est elle qui enfante et conserve l'amitié ; et
sans la vertu l'amitié ne peut exister.

21. Entendons ici la vertu comme on l'entend dans le monde et
dans le langage ordinaire : ne la mesurons pas, comme quelques

licentia metiamur : virosque bonos eos, qui habentur, nume-
remus, Paullos, Catones, Gallos, Scipiones, Philos. His communis vita contenta est : eos autem omittamus, qui omnino
nusquam reperiuntur. Tales igitur inter viros amicitia tantas
opportunitates habet, quantas vix queo dicere.

22. Principio, qui potest esse *vita vitalis*[1], ut ait Ennius,
quæ non in amici mutua benevolentia conquiescat? Quid dul-
cius, quam habere quicum omnia audeas sic loqui, ut tecum?
Quis esset tantus fructus in prosperis rebus, nisi haberes qui
illis æque ac tu ipse gauderet? Adversas vero ferre difficile
esset sine eo, qui illas gravius etiam, quam tu, ferret. Denique
ceteræ res, quæ expetuntur, opportunæ sunt singulæ rebus
fere singulis : divitiæ, ut utare; opes, ut colare; honores, ut
laudere; voluptates, ut gaudeas; valetudo, ut dolore careas et
muneribus fungare corporis. Amicitia res plurimas continet :

habiles, à la magnificence des termes; appelons hommes de bien
ceux qui ont été regardés comme tels, les Paul-Émile, les Caton, les
Gallus, les Scipions, les Philus. Ces hommes, la vie ordinaire s'en
contente; laissons de côté ceux qui ne se trouvent nulle part. Entre
de tels hommes l'amitié produit tant d'avantages que je ne saurais les
énumérer tous.

22. En premier lieu, est-ce une *vie vivable*, selon l'expression
d'Ennius, que celle où l'on ne peut se reposer sur l'affection résipro-
que d'un ami? Quoi de plus doux que d'avoir quelqu'un avec qui
l'on ose parler comme avec soi-même? Où serait pour vous le si
grand fruit de la prospérité, si vous n'aviez personne qui s'en réjouit
autant que vous? Quant à l'adversité, vous la supporteriez difficile-
ment, si vous n'aviez un ami qui en souffrît plus encore que vous-
même. Enfin, tous les autres objets de nos désirs ont chacun leur
utilité particulière : on demande des richesses pour les dépenser; de
la puissance, pour avoir des courtisans; des honneurs, pour être
flatté; des plaisirs, pour jouir; de la santé, pour être exempt de douleur et pouvoir user librement des facultés du corps. L'amitié seule
renferme une foule d'avantages : de quelque côté que vous vous tour-

quoquo te verteris, praesto est : nullo loco excluditur; nunquam intempestiva, nunquam molesta est. Itaque non aqua, non igni, ut aiunt, pluribus locis utimur, quam amicitia. Neque ego nunc de vulgari aut de mediocri, quae tamen ipsa et delectat et prodest, sed de vera et perfecta loquor, qualis eorum, qui pauci nominantur, fuit. Nam et secundas res splendidiores facit amicitia, et adversas partiens communi casque leviores.

VII. 23. Quumque plurimas et maximas commoditates amicitia contineat, tum illa nimirum praestat omnibus, quod bonam spem praelucet in posterum, nec debilitari animos aut cadere patitur. Verum enim amicum qui intuetur, tanquam exemplar aliquod intuetur sui. Quocirca et absentes adsunt, et egentes abundant, et imbecilli valent, et, quod difficilius dictu est, mortui vivunt : tantus eos honos, memoria, desiderium prosequitur amicorum. Ex quo illorum beata mors videtur,

niez, elle est toujours là ; elle n'est exclue de nulle part ; jamais hors de saison, jamais importune. Aussi l'eau et le feu, comme l'on dit, ne sont pas d'un plus fréquent usage que l'amitié. Et je ne parle pas ici de cette amitié vulgaire ou commune qui a pourtant son charme et son utilité, mais de l'amitié véritable et parfaite, comme fut celle de ces hommes qu'on cite en si petit nombre. C'est elle qui ajoute de l'éclat à la prospérité, et qui adoucit, en les partageant, les maux de l'adversité.

VII. 23. Parmi les avantages si nombreux et si grands que procure l'amitié, le plus précieux sans aucun doute, c'est qu'elle fait luire à nos yeux, dans l'avenir, la douce lumière de l'espérance, et qu'elle ne laisse point notre âme se décourager et s'abattre. Car celui qui contemple un véritable ami, voit en lui, pour ainsi dire, sa propre image. Par l'amitié, les absents sont présents, les pauvres sont riches, les faibles sont forts, et, ce qui est plus merveilleux encore, les morts sont vivants; tant les respects, les souvenirs, les regrets de leurs amis les rattachent à l'existence. Et cette piété, qui

horum vita laudabilis. Quod si exemeris ex rerum natura benevolentiæ conjunctionem, nec domus ulla, nec urbs stare poterit; ne agri quidem cultus permanebit. Id si minus intelligitur, quanta vis amicitiæ concordiæque sit, ex dissensionibus atque discordiis percipi potest. Quæ enim domus tam stabilis, quæ tam firma civitas est, quæ non odiis atque dissidiis funditus possit everti? Ex quo, quantum boni sit in amicitia, judicari potest.

24. Agrigentinum quidem doctum quemdam virum ' carminibus Græcis vaticinatum ferunt, quæ in rerum natura totoque mundo constarent, quæque moverentur, ea contrahere amicitiam, dissipare discordiam. Atque hoc quidem omnes mortales et intelligunt, et re probant. Itaque, si quando aliquod officium exstitit amici in periculis aut adeundis aut communicandis, quis est, qui id non maximis efferat laudibus? Qui clamores

semble rendre heureuse la mort des uns, honore en même temps la vie des autres. Otez de la nature ce commerce de bienveillance, il n'y aura plus ni maison, ni cité; la culture des champs sera même abandonnée. Si l'on ne sent pas encore toute la force de l'amitié et de la concorde, les dissensions et les discordes la font suffisamment comprendre. Est-il une maison assez solide, un État assez ferme pour n'être point renversés de fond en comble par les haines et les divisions? On peut juger par là de tous les bienfaits de l'amitié.

24. On dit qu'un savant philosophe d'Agrigente, dans un poëme écrit en grec, a expliqué que tout ce qui existe dans la nature et dans l'univers entier, soit à l'état de repos, soit à celui de mouvement, est réuni par l'amour et séparé par la haine. C'est une vérité que tous les hommes comprennent et qu'ils confirment par leurs actions. Qu'un ami brave la mort pour son ami, ou veuille partager ses dangers, il n'est personne qui ne lui décerne les plus grands éloges.

tota cavea nuper in hospitis et amici mei, M. Pacuvii [1], nova
fabula! quum, ignorante rege, uter esset Orestes, Pylades
Orestem se esse diceret, ut pro illo necaretur; Orestes autem,
ita ut erat, Orestem se esse perseveraret. Stantes plaudebant in
re ficta : quid arbitramur in vera facturos fuisse? Facile indi-
cabat ipsa natura vim suam, quum homines, quod facere ipsi
non possent, id recte fieri in altero judicarent. Hactenus mihi
videor, de amicitia quid sentirem, potuisse dicere. Si qua
præterea sunt (credo autem esse multa), ab iis, si videbitur,
qui ista disputant, quæritote.

25. Fannius. Nos autem a te potius : quanquam etiam ab
istis sæpe quæsivi, et audivi, non invitus equidem; sed aliud
quoddam filum orationis tuæ. Scævola. Tum magis id diceres, Fanni, si nuper in hortis Scipionis, quum est de Republica

Quelles acclamations éclatèrent dernièrement dans tout l'amphithéâ-
tre, à la nouvelle pièce de Pacuvius, mon hôte et mon ami, lorsque,
le roi ignorant lequel des deux était Oreste, on vit Pylade affirmer
que c'était lui, afin d'être immolé pour son ami, tandis qu'Oreste
soutenait de son côté qu'il était Oreste, comme il l'était en vérité!
Les spectateurs applaudissaient à une fiction : que n'eussent ils pas
fait pour la réalité? La nature manifestait ainsi toute sa force : ce
dévouement dont ils se sentaient eux-mêmes incapables, ils l'admi-
raient dans autrui comme une noble action. Voilà, ce me semble,
tout ce que je peux dire pour vous faire comprendre mon sentiment
sur l'amitié. Si, comme je le pense, il y a encore beaucoup à dire
sur ce sujet, adressez-vous, si vous le jugez à propos, à ceux qui
traitent de telles questions.

25. Fannius. C'est à vous plutôt, Lélius, que nous nous adresse-
rons : cependant j'ai souvent consulté ceux dont vous parlez; je les
ai même écoutés avec plaisir; mais votre manière d'envisager la
question est tout à fait nouvelle. Scévola. Vous insisteriez encore
davantage, Fannius, si vous vous étiez trouvé dernièrement dans les
jardins de Scipion, lors de la discussion sur la République. Avec

disputatum, adfuisses. Qualis tum patronus justitiæ fuit contra accuratam orationem Phili! FANNIUS. Facile id quidem fuit, justitiam justissimo viro defendere. SCÆVOLA. Quid amicitiam? Nonne facile ei, qui ob eam summa fide, constantia justitiaque servatam, maximam gloriam ceperit?

VIII. 26. LÆLIUS. Vim hoc quidem est afferre. Quid enim refert, qua me ratione cogatis? Cogitis certe. Studiis enim generorum, præsertim in re bona, quum difficile est, tum ne æquum quidem, obsistere. Sæpissime igitur mihi de amicitia cogitanti, maxime illud considerandum videri solet, utrum propter imbellicitatem atque inopiam desiderata sit amicitia, ut in dandis recipiendisque meritis, quod quisque minus per se ipse posset, id acciperet ab alio, vicissimque redderet : an esset hoc quidem proprium amicitiæ; sed antiquior et pulchrior et

quelle éloquence Lélius se porta le défenseur de la justice contre les habiles attaques de Philus! FANNIUS. Il dut être facile au plus juste des hommes de défendre la justice. SCÉVOLA. Et l'amitié, ne sera-t-elle pas facilement défendue par celui qui doit sa plus grande gloire à la fidélité, à la constance et à la justice avec lesquelles il a cultivé l'amitié?

VIII. 26. En vérité, vous me faites violence. Qu'importe, en effet, la manière dont vous me contraignez? Je n'en suis pas moins contraint. Comment, d'ailleurs, résister aux désirs de ses gendres, surtout lorsqu'ils font une demande aussi légitime? ce n'est ni facile, ni même juste. Lorsque je réfléchis sur l'amitié, ce qui m'arrive très-souvent, la question qui me paraît la plus importante, c'est de savoir si l'amitié a pour fondement la faiblesse et le besoin; si les hommes y ont cherché, dans un mutuel échange de services, les moyens de se procurer par autrui ce qu'ils ne pouvaient se procurer par eux-mêmes, sauf à payer ensuite de retour, ou bien si cet échange n'est pas le propre même de l'amitié, dont l'origine serait alors plus ancienne, plus

magis a natura ipsa profecta alia causa. *Amor* enim, ex quo *amicitia* nominata, princeps est ad benevolentiam conjungendam. Nam utilitates quidem etiam ab iis percipiuntur sæpe, qui simulatione amicitiæ coluntur et observantur temporis causa. In amicitia autem nihil fictum, nihil simulatum; et, quidquid est, id et verum et voluntarium.

27. Quapropter a natura mihi videtur potius, quam ab indigentia, orta amicitia, applicatione magis animi cum quodam sensu amandi, quam cogitatione, quantum illa res utilitatis esset habitura. Quod quidem quale sit, etiam in bestiis quibusdam animadverti potest : quæ ex se natos ita amant ad quoddam tempus, et ab eis ita amantur, ut facile earum sensus appareat. Quod in homine multo est evidentius; primum ex ea caritate, quæ est inter natos et parentes, quæ dirimi, nisi detestabili scelere, non potest; deinde, quum similis sensus

noble et aussi plus naturelle. L'*amour*, en effet, d'où vient le nom d'*amitié*, est la cause principale qui unit les hommes par les liens de l'affection. On peut même recueillir certains avantages en cultivant, sous l'apparence de l'amitié, des liaisons passagères; mais l'amitié véritable n'a rien de feint, rien de simulé : en elle tout est vrai et volontaire.

27. L'amitié me paraît donc avoir son principe plutôt dans la nature que dans le besoin; elle naît plutôt du rapprochement des âmes, joint à une certaine disposition à aimer, que du calcul des avantages qui peuvent en résulter. Ce sentiment naturel se remarque jusque dans les animaux : ils aiment leurs petits, du moins pour un temps, et ils en sont aimés à tel point, que leur tendresse mutuelle devient aisément manifeste. C'est ce qu'on voit encore plus évidemment dans l'homme, d'abord par cette tendresse qui unit les enfants et leurs parents, lien sacré qu'on ne peut rompre que par un crime détestable;

exstitit amoris, si aliquem nacti sumus, cujus cum moribus et natura congruamus, quod in eo quasi lumen aliquod probitatis et virtutis perspicere videamur.

28. Nihil est enim amabilius virtute : nihil, quod magis alliciat ad diligendum : quippe quum, propter virtutem et probitatem, eos etiam, quos nunquam vidimus, quodam modo diligamus. Quis est, qui C. Fabricii, M'. Curii non cum caritate aliqua et benevolentia memoriam usurpet, quos nunquam viderit? Quis autem est, qui Tarquinium Superbum, qui Sp. Cassium, Sp. Mœlium non oderit? Cum duobus ducibus de imperio in Italia decertatum est, Pyrrho et Annibale. Ab altero propter probitatem ejus non nimis alienos animos habemus, alterum propter crudelitatem semper hæc civitas oderit.

IX. 29. Quod si tanta vis probitatis est, ut eam vel in eis, quos nunquam vidimus, vel, quod majus est, in hoste etiam

---

ensuite par ce sentiment d'affection que nous éprouvons, si nous venons à rencontrer un être dont les mœurs et la nature s'accordent avec les nôtres, et chez qui il nous semble voir reluire en quelque sorte la probité et la vertu.

28. En effet, il n'est rien de plus aimable que la vertu, rien qui dispose plus à aimer. Des hommes que nous n'avons jamais vus, nous les aimons quelquefois pour leur vertu et leur probité. Est-il un homme qui se rappelle sans un sentiment d'affection et de bienveillance les noms de C. Fabricius, de M'. Curius, que nous n'avons jamais vus? Qui ne déteste, au contraire, Tarquin le Superbe, Sp. Cassius, Sp. Mélius? Deux généraux ennemis, Pyrrhus et Annibal, sont venus en Italie nous disputer l'empire. Le premier, par sa probité, a fait que nous n'avons pas trop d'aversion pour lui; l'autre, par sa cruauté, s'est rendu pour toujours odieux au peuple romain.

IX. 29. Si telle est la force de la probité, que nous l'aimons chez des hommes que nous n'avons jamais vus et ce qui est plus, chez nos

diligamus : quid mirum, si animi hominum moveantur, quum eorum, quibuscum usu conjuncti esse possunt, virtutem et bonitatem perspicere videantur? Quanquam confirmatur amor et beneficio accepto, et studio perspecto, et consuetudine adjuncta : quibus rebus ad illum primum motum animi et amoris adhibitis, admirabilis quædam exardescit benevolentiæ magnitudo : quam si qui putant ab imbecillitate proficisci, ut sit, per quem assequatur, quod quisque desideret; humilem sane relinquunt, et minime generosum, ut ita dicam, ortum amicitiæ, quam ex inopia atque indigentia natam ¹ volunt. Quod si ita esset, ut quisque minimum in se esse arbitraretur, ita ad amicitiam esset aptissimus : quod longe secus est.

30 Ut enim quisque sibi plurimum confidit, et ut quisque maxime virtute et sapientia sic munitus est, ut nullo egeat, suaque omnia in se ipso posita judicet : ita in amicitiis expe-

ennemis, est-il étonnant que l'âme de l'homme soit émue, si elle vient à reconnaître la vertu et la bonté chez ceux du commerce de qui il peut jouir? Toutefois l'amitié se fortifie, et par les bienfaits reçus, et par le zèle éprouvé, enfin par l'habitude; mais quand tous ces motifs viennent se joindre à ce premier mouvement de l'âme, à cet élan sympathique du cœur, alors s'allume en nous une admirable et grande affection. Supposer que l'amitié a pour principe la faiblesse humaine, pour but d'obtenir d'autrui ce dont on est privé soi-même, c'est donner à l'amitié une origine bien basse et, j'ose le dire, tout à fait ignoble : c'est la faire naître de l'indigence et de la misère. S'il en était ainsi, moins on se sentirait de ressources, plus on serait propre à l'amitié, ce qui est tout le contraire de la vérité.

30. En effet, plus on a de confiance en soi-même, plus on est riche de vertu et de sagesse, de façon à n'avoir besoin de personne et à penser qu'on porte tout en soi, plus on excelle à rechercher et à cultiver

tendis colendisque maxime excellit. Quid enim? Africanus
indigens mei? Minime hercle! ac ne ego quidem illius : sed ego
admiratione quadam virtutis ejus, ille vicissim opinione fortasse
nonnulla, quam de meis moribus habebat, me dilexit; auxit
benevolentiam consuetudo. Sed quanquam utilitates multæ
et magnæ consecutæ sunt, non sunt tamen ab earum spe causæ
diligendi profectæ.

31. Ut enim benefici liberalesque sumus, non ut exigamus
gratiam (neque enim beneficium fœneramur, sed natura pro-
pensi ad liberalitatem sumus) : sic amicitiam non spe mer-
cedis adducti, sed quod omnis ejus fructus in ipso amore
inest, expetendam putamus.

32. At ii, qui pecudum ritu ad voluptatem omnia referunt,
longe dissentiunt : nec mirum. Nihil enim altum, nihil ma-
gnificum ac divinum suspicere possunt, qui suas omnes cogi-
tationes abjecerunt in rem tam humilem tamque contemptam.

les amitiés. En effet, quel besoin avait de moi l'Africain ? aucun sans
doute; et moi-même, quel besoin avais-je de lui? Mais j'admirais sa
vertu ; lui, de son côté, avait peut-être quelque estime pour mon caractère, et nous nous aimâmes; l'habitude vint augmenter l'affection.
Cependant, quoique de grands, de nombreux avantages soient résultés
de notre amitié, ce n'est pas cet espoir qui fit naître notre affection
mutuelle.

31. Comme on est bienfaisant et libéral, non pour exiger de la
reconnaissance (car un bienfait ne se place point à usure, et c'est un
penchant naturel qui nous porte à la libéralité) : de même nous pen-
sons qu'on doit rechercher l'amitié, non par calcul, mais parce que
tout son fruit est en elle-même.

32. Telle n'est point l'opinion de ceux qui, comme de vils animaux, rapportent tout à la volupté : et cela n'a rien d'étonnant.
Comment pourraient-ils, en effet, concevoir quelque chose d'élevé, de
grand, de divin, après avoir rabaissé leurs pensées à un objet si ab-

Quamobrem hos quidem ab hoc sermone removeamus : ipsi autem intelligamus, natura gigni sensum diligendi et benevolentiæ caritatem, facta significatione probitatis : quam qui appetiverunt, applicant sese et propius admovent, ut et usu ejus, quem diligere cœperunt, fruantur, et moribus, sintque pares in amore, et æquales, propensioresque ad bene merendum, quam ad reposcendum. Atque hæc inter eos fit honesta certatio : sic et utilitates ex amicitia maximæ capientur, et erit ejus ortus a natura, quam ab imbecillitate, et gravior et verior. Nam si utilitas amicitias conglutinaret, eadem commutata dissolveret. Sed, quia natura mutari non potest, idcirco veræ amicitiæ sempiternæ sunt. Ortum quidem amicitiæ videtis, nisi quid ad hæc forte vultis. Fannius. Tu vero perge, Læli. Pro hoc enim, qui minor est natu, meo jure respondeo.

jeot et si méprisable? Écartons-les donc de notre discussion : quant à nous, comprenons bien que c'est la nature qui fait naître ce besoin d'aimer, cette tendresse mutuelle, aussitôt que la vertu vient à se révéler. Ceux qui en sont épris se rapprochent et s'unissent; ils cherchent à jouir du commerce et des qualités de celui qu'ils ont commencé d'aimer ; ils veulent une égalité parfaite dans leur affection mutuelle, et se montrent plus disposés à rendre des services qu'à en réclamer. Ainsi s'établit entre eux un honorable combat; ainsi l'amitié devient la source des plus grands avantages, et son origine, rapportée à la nature plutôt qu'au besoin, n'en est que plus noble et plus vraie. Car si l'intérêt cimentait les amitiés, cet intérêt, venant à changer, les dissoudrait. Mais, comme la nature ne peut changer, les amitiés véritables sont éternelles. Vous voyez quelle est l'origine de l'amitié : avez-vous quelques objections à faire? Fannius. Non, Lélius. Mais veuillez poursuivre : car, en ma qualité d'aîné, je réponds pour Scévola.

33. Scævola. Recte tu quidem : quamobrem audiamus.

X. Lælius. Audite ergo, optimi viri, ea, quæ sæpissime inter me et Scipionem de amicitia disserebantur. Quanquam ille quidem nihil difficilius esse dicebat, quam amicitiam usque ad extremum vitæ permanere [1]. Nam, vel ut non idem expediret, incidere sæpe ; vel, ut de republica non idem sentiretur : mutari etiam mores hominum sæpe dicebat, alias adversis rebus, alias ætate ingravescente. Atque earum rerum exemplum ex similitudine capiebat ineuntis ætatis, quod summi puerorum amores sæpe una cum prætexta ponerentur.

34. Sin autem ad adolescentiam perduxissent, dirimi tamen interdum contentione vel uxoriæ conditionis, vel commodi alicujus, quod idem adipisci uterque non posset. Quod si qui longius in amicitia provecti essent, tamen sæpe labefactari, si

33. Scévola. Vous faites très-bien, Fannius; écoutons donc.

X. Lélius. Oui, mes bons amis, écoutez les réflexions que Scipion et moi nous faisions souvent sur l'amitié. Rien, disait-il, n'est plus difficile que de conserver une amitié jusqu'à la fin de la vie. Car souvent il arrive que les intérêts se contrarient, que les sentiments politiques diffèrent ; souvent les caractères même viennent à changer, tantôt par l'effet de l'adversité, tantôt par les progrès de l'âge. Il en donnait pour preuve les enfants, qui souvent déposent, avec la robe prétexte, leurs plus vives affections.

34. Si, au contraire, ils les conduisent jusqu'à leur jeunesse, la moindre rivalité, soit pour un mariage, soit pour un avantage quelconque, qui ne peut appartenir à deux à la fois, suffit pour les briser. Si quelques-uns s'avancent encore plus loin dans la carrière de l'amitié, ils rencontrent souvent un autre écueil, les rivalités

in honoris contentionem incidissent : pestem enim majorem esse nullam in amicitiis, quam in plerisque pecuniæ cupidi- tatem, in optimis quibusque honoris certamen et gloriæ; ex quo inimicitias maximas sæpe inter amicissimos exstitisse.

35. Magna etiam dissidia, et plerumque justa nasci, quum aliquid ab amicis, quod rectum non esset, postularetur : ut aut libidinis ministri, aut adjutores essent ad injuriam. Quod qui recusarent, quamvis honeste id facerent, jus tamen amicitiæ deserere arguerentur ab iis, quibus obsequi nollent; illos au- tem, qui quidvis ab amico auderent postulare, postulatione ipsa profiteri, omnia se amici causa esse facturos. Eorum que- rela inveteratas non modo familiaritates exstingui solere, sed etiam odia gigni sempiterna. Hæc ita multa, quasi fata, impen-

d'ambition : or, chez la plupart des hommes, il n'y a point de fléau plus grand pour l'amitié que la passion de l'argent; et dans les ca- ractères les plus élevés, celle des honneurs et de la gloire : c'est ce qui a changé souvent les amitiés les plus tendres en mortelles ini- mitiés.

35. Des ruptures éclatantes, mais souvent légitimes, ont encore lieu lorsqu'on demande à des amis ce que l'honneur défend, comme d'être les ministres d'une passion coupable, ou les complices d'une injustice. Ceux qui refusent de tels services, quoique leur conduite soit dictée par la vertu, sont accusés par ceux qui les demandent, de trahir les devoirs de l'amitié; d'un autre côté, ceux qui osent récla- mer d'un ami des services pareils, déclarent, par leur demande même, qu'ils sont prêts à tout faire pour un ami. Les plaintes nées de ces refus, non-seulement éteignent d'anciennes amitiés, mais souvent aussi enfantent des haines éternelles. Tels sont, disait Sci- pion, les nombreux écueils que le destin semble avoir semés sur la

dere amicitiis, ut omnia subterfugere non modo sapientiæ, sed etiam felicitatis diceret sibi videri.

XI. 36. Quamobrem id primum videamus, si placet, qua-tenus amor in amicitia progredi debeat. Num, si Coriolanus habuit amicos, ferre contra patriam arma illi cum Coriolano debuerunt? Num Viscellinum amici, regnum appetentem, num Sp. Mælium debuerunt juvare?

37. Tib. quidem Gracchum, rempublicam vexantem, a Q. Tuberone æqualibusque amicis derelictum videbamus. At C. Blossius, Cumanus¹, hospes familiæ vestræ, Scævola, quum ad me, qui aderam Lænati et Rupilio consulibus in consilio, deprecatum venisset, hanc, ut sibi ignoscerem, causam affe-rebat, quod tanti Tib. Gracchum fecisset, ut, quidquid ille vellet, sibi faciendum putaret. Tum ego : *Etiamne si te in Capitolium faces ferre vellet? — Nunquam,* inquit, *voluisset*

route de l'amitié : aussi les éviter tous n'est pas seulement le fait de la sagesse, mais celui d'un rare bonheur.

XI. 36. Voyons donc d'abord, si vous le voulez bien, jusqu'où doit aller le zèle en amitié. Les amis de Coriolan (si Coriolan eut des amis) auraient-ils dû porter les armes avec lui contre leur patrie? Ceux de Sp. Cassius, ceux de Sp. Mélius, qui tous deux aspiraient à la royauté, auraient-ils dû seconder leurs projets?

37. Quand Tib. Gracchus se mit à troubler la République, nous avons vu Q. Tubéron et les autres amis de son âge l'abandonner. Mais C. Blossius de Cumes, hôte de votre famille, Scévola, ne suivit pas leur exemple. Comme j'assistais les consuls Rupilius et Lénas dans l'instruction de cette affaire, il vint implorer ma pitié : l'excuse qu'il apportait pour obtenir son pardon était qu'il avait tant d'estime pour Tib. Gracchus qu'il s'était cru obligé de faire tout ce que celui-ci voulait. « Quand même, lui dis-je, il vous eût demandé de mettre le feu au Capitole? — Jamais, dit-il, il ne m'eût demandé

id quidem. — *Sed, si voluisset?* — *Paruissem.* Videtis,
quam nefaria vox. Et hercle ita fecit, vel plus etiam, quam
dixit. Non enim paruit ille Tib. Gracchi temeritati, sed præfuit;
nec se comitem illius furoris, sed ducem præbuit. Itaque hac
amentia, quæstione nova perterritus, in Asiam profugit, ad
hostes se contulit, pœnas reipublicæ graves justasque persolvit.
Nulla est igitur excusatio peccati, si amici causa peccaveris.
Nam, quum conciliatrix amicitiæ virtutis opinio fuerit, difficile
est amicitiam manere, si a virtute defeceris.

38. Quod si rectum statuerimus, vel concedere amicis, quidquid velint, vel impetrare ab eis, quidquid velimus, perfecta
quidem sapientia simus, si nihil habeat res vitii : sed loquimur
de iis amicis, qui ante oculos sunt, quos vidimus, aut de quibus memoriam accepimus, quos novit vita communis. Ex hoc
numero nobis exempla sumenda sunt, et eorum quidem
maxime, qui ad sapientiam proxime accedunt.

cela. — Mais enfin s'il l'eût demandé ? — J'aurais obéi. » Parole
bien coupable, vous le voyez. Et en effet, ce Blossius agit en consé-
quence ; il fit même plus qu'il n'avait dit : car il ne seconda pas l'au-
dace de Tib. Gracchus, mais il l'excita : il ne fut pas le complice de
sa fureur, il en fut le guide. Aussi, dans son délire, effrayé d'une
enquête nouvelle, il s'enfuit en Asie, et de là passa chez les ennemis de Rome, où il trouva la terrible, mais juste punition de ses
crimes. L'amitié ne peut excuser en aucune manière les fautes que
l'on commet pour elle : car puisque l'amitié est fondée sur l'estime,
il est difficile qu'elle puisse subsister lorsqu'on cesse de mériter
cette estime.

38. Si donc nous établissions en principe qu'il faut accorder à nos
amis tout ce qu'ils veulent, et leur demander tout ce que nous voulons, il faudrait être d'une sagesse parfaite; autrement cette conduite
pourrait avoir des conséquences fâcheuses. Mais nous parlons de ces
amis qui sont devant nos yeux, que nous avons vus, ou dont nous
avons entendu parler, de ceux enfin qu'on rencontre dans la vie
ordinaire. C'est parmi ceux-là qu'il faut prendre des exemples, et
choisissons surtout ceux qui se sont le plus approchés de la sagesse.

39. Videmus Papum Æmilium [1] C. Luscino familiarem fuisse (sic a patribus accepimus), bis una consules, collegas in censura : tum et cum iis, et inter se, conjunctissimos fuisse M'. Curium et Tib. Coruncanium memoriæ proditum est. Igitur ne suspicari quidem possumus, quemquam horum ab amico quidpiam contendisse, quod contra fidem, contra jusjurandum, contra rempublicam esset. Nam hoc quidem in talibus viris quid attinet dicere, si contendisset, impetraturum non fuisse, quum illi sanctissimi viri fuerint, æque autem nefas sit, tale aliquid et facere rogatum, et rogare? At vero Tib. Gracchum sequebantur C. Carbo, C. Cato [2], et minime tunc quidem Caius frater, nunc idem acerrimus.

XII. 40. Hæc igitur lex in amicitia sanciatur, ut neque rogemus res turpes, nec faciamus rogati. Turpis enim excusatio est et minime accipienda, quum in ceteris peccatis, tum si quis contra rempublicam se amici causa fecisse fateatur. Etenim eo

---

39. Nous savons par nos pères qu'Émilius Papus fut l'ami intime de C. Luscinus : ils furent deux fois collègues dans le consulat, une fois dans la censure. Nous savons aussi qu'une étroite amitié liait entre eux, et avec ceux que je viens de nommer, Man. Curius et Tib. Coruncanius. Aussi n'est-il pas même permis de supposer qu'aucun de ces hommes ait jamais demandé à son ami quelque chose qui fût contraire à la bonne foi, au serment, ou à la République. Est-il nécessaire d'ajouter, lorsqu'il s'agit de tels hommes, que s'il l'eût demandé il ne l'aurait pas obtenu? car ils étaient tous incorruptibles , et il est aussi criminel d'accorder une telle demande que de la faire. Pour en revenir à Tib. Gracchus, il était suivi de C. Carbon, C. Caton ; son frère Caïus, aujourd'hui si violent, ne faisait point encore parler de lui.

XII. 40. Posons donc comme première loi de l'amitié de ne demander et de n'accorder rien de honteux. C'est, pour toute espèce de fautes, et surtout pour celles contre l'État, une excuse indigne et nullement recevable, de dire qu'on a agi pour un ami. En effet, nous

loco, Fanni et Scævola, locati sumus, ut nos longe prospicere oporteat futuros casus reipublicæ. Deflexit jam aliquantulum de spatio curriculoque consuetudo majorum. Tib. Gracchus regnum occupare conatus est, vel regnavit is quidem paucos menses.

41. Num quid simile populus Romanus audierat aut viderat? Hunc etiam post mortem secuti amici et propinqui quid in P. Scipione effecerint[1], sine lacrimis non queo dicere. Nam Carbonem, quoquo modo potuimus, propter recentem pœnam Tib. Gracchi, sustinuimus. De C. autem Gracchi tribunatu quid exspectem, non libet augurari. Serpit deinde res : quæ proclivius ad perniciem, quum semel cœpit, labitur. Videtis in tabella[2] jam ante quanta sit facta labes, primo Gabinia lege, biennio autem post, Cassia. Videre jam videor populum a senatu disjunctum, multitudinis arbitrio res maximas agi. Plures

en sommes réduits, Fannius et Scévola, à la nécessité de prévoir de loin les malheurs qui menacent la République. Déjà notre discipline et nos mœurs ont dévié quelque peu de la route suivie par nos ancêtres. Tib. Gracchus a tenté de se faire roi : que dis-je? il a même régné quelques mois.

41. Le peuple romain avait-il jamais vu ou entendu dire rien de semblable? Même après la mort de Tibérius, que de maux ses amis et ses proches, marchant sur ses traces, n'ont-ils pas fait souffrir à Scipion Nasica? Je ne puis me le rappeler sans verser des larmes. Nous avons supporté Carbon comme nous avons pu, à cause du châtiment tout récent de Tibérius. Que devons-nous attendre du tribunat de Caius? je n'ose la prévoir. Le mal se répand de proche en proche, et dès qu'une fois il s'est établi, ses progrès sont rapides. Vous voyez tout le mal que nous a déjà fait, au sujet du scrutin, d'abord la loi Gabinia, puis, deux ans après, la loi Cassia. Il me semble déjà voir le sénat et le peuple formant deux camps, et les affaires les plus importantes décidées selon le caprice de la multitude. Car il y aura bien

enim discent, quemadmodum hæc fiant, quam quemadmodum
his resistatur.

42. Quorsum hæc? Quia sine sociis nemo quidquam tale
conatur. Præcipiendum est igitur bonis, ut, si in ejusmodi
amicitias ignari casu aliquo inciderint, ne existiment ita se
alligatos, ut ab amicis in re publica peccantibus non discedant:
improbis autem pœna statuenda est; nec vero minor iis, qui
secuti erunt alterum, quam iis, qui ipsi fuerint impietatis
duces. Quis, clarior in Græcia Themistocle? quis potentior?
Qui, quum imperator bello Persico servitute Græciam libe-
rasset, propterque invidiam in exsilium isset, ingratæ patriæ
injuriam non tulit, quam ferre debuit. Fecit idem, quod xx
annis ante apud nos fecerat Coriolanus. His adjutor contra
patriam inventus est nemo. Itaque mortem sibi uterque con-
scivit.

43. Quare talis improborum consensio non modo excusa-

plus de gens intéressés à apprendre comment on fait le mal que comment on y résiste.

42. Mais pourquoi ces réflexions? parce qu'on ne tente pas de pa-
reilles entreprises sans avoir des complices. Il faut donc avertir les
gens de bien que si, par malheur, ils se sont engagés à leur insu
dans de telles amitiés, ils ne doivent pas se regarder comme tellement
liés envers leurs amis, qu'ils ne puissent s'en séparer s'ils se rendent
coupables d'un crime envers l'État. Il faut ensuite établir des peines
contre les méchants, et punir non moins sévèrement les complices de
ces attentats impies, que les chefs eux-mêmes. Quel homme, en
Grèce, fut plus illustre et plus puissant que Thémistocle? Général
dans la guerre médique, il avait délivré la Grèce de la servitude; plus
tard, exilé par l'envie, il ne sut point supporter, comme il l'aurait
dû, l'injustice de son ingrate patrie. Il fit ce que, vingt ans aupara-
vant, Coriolan avait fait chez nous. Mais il ne se trouva personne
pour les soutenir contre leur patrie : aussi tous deux se donnèrent-
ils la mort.

43. Loin donc de laisser cet accord des méchants se couvrir de

tione amicitiæ tegenda non est, sed potius omni supplicio vin-
dicanda : ut ne quis [sibi] concessum putet, amicum, vel bellum patriæ inferentem, sequi. Quod quidem, ut res cœpit ire,
haud scio an aliquando futurum sit[1]. Mihi autem non minori
curæ est, qualis respublica post mortem meam futura sit, quam
quali; hodie sit.

XIII. 44. Hæc igitur prima lex amicitiæ sanciatur, ut ab
amicis honesta petamus, amicorum causa honesta faciamus :
ne exspectemus quidem, dum rogemur : studium semper adsit,
cunctatio absit : consilium vero dare audeamus libere. Plurimum in amicitia amicorum bene suadentium valeat auctoritas,
eaque et adhibeatur ad monendum non modo aperte, sed etiam
acriter, si res postulabit; et adhibitæ pareatur.

45. Nam quibusdam, quos audio sapientes habitos in Græcia,
placuisse opinor mirabilia quædam (sed nihil est, quod illi

l'excuse de l'amitié, il faut le poursuivre par toute sorte de supplice,
afin que personne ne se croie permis de suivre un ami, même lorsqu'il fait la guerre à son pays. Au cours que prennent les choses, je
ne sais si ce malheur n'arrivera pas un jour à notre patrie ; et je ne
m'intéresse pas moins à l'avenir de la République qu'à son état présent.

XIII. 44. Que ce soit donc la première loi de l'amitié, de ne demander à nos amis et de ne faire pour eux que des choses honnêtes;
mais n'attendons pas qu'ils nous prient ; montrons toujours du zèle,
jamais de lenteur : osons aussi leur donner librement nos conseils.
Que l'autorité d'un ami qui conseille le bien soit toute-puissante dans
l'amitié; qu'il s'en serve pour avertir avec franchise, et même, s'il
le faut, avec sévérité ; mais qu'on sache obéir à sa voix.

45. Des hommes à qui j'apprends que la Grèce a donné le nom de
sages ont professé, dit-on, des opinions fort extraordinaires : mais

non persequantur suis argutiis) : partim fugiendas esse nimias
amicitias [1], ne necesse sit unum sollicitum esse pro pluribus .
satis superque esse suarum cuique rerum, alienis nimis impli-
cari molestum esse : commodissimum esse, quam laxissimas
habenas habere amicitiæ; quas vel adducas, quum velis, vel
remittas : caput enim esse ad beate vivendum securitatem,
qua frui non possit animus, si tanquam parturiat [2] unus pro
pluribus.

46. Alios autem dicere aiunt multo etiam inhumanius (quem
locum breviter perstrinxi paullo ante) : præsidii adjumentique
causa, non benevolentiæ neque caritatis, amicitias esse expe-
tendas. Itaque, ut quisque minimum firmitatis habeat mini-
mumque virium, ita amicitias appetere maxime : ex eo fieri, **ut
mulierculæ magis amicitiarum præsidia quærant, quam viri :**

rien n'échappe à leurs arguties. Selon les uns, il faut fuir les amitiés
trop vives : car il ne convient pas qu'un seul soit inquiet pour plusieurs : chacun a bien assez de ses propres affaires ; c'est un fardeau
que d'être trop mêlé à celles d'autrui ; le plus commode, c'est de tenir
très-lâches les liens de l'amitié, afin de pouvoir les serrer ou les
relâcher davantage à son gré. Le grand point, disent-ils, pour vivre
heureux , c'est la tranquillité; et comment l'âme pourra-t-elle en
jouir, si elle est toujours en travail pour plusieurs ?

46. D'autres ont une doctrine encore plus déshonorante pour
l'humanité (j'ai déjà légèrement touché ce point) : ils veulent qu'on
recherche les amitiés pour les secours et les avantages qu'elles peuvent procurer, et non par un sentiment de bienveillance et pour le
plaisir du cœur. D'après eux, moins on se sent de courage et de
forces, plus on doit désirer des amis : il en résulte que les bienfaits
de l'amitié seront plus recherchés des femmes que des hommes, des

et inopes, quam opulenti : et calamitosi, quam ii, qui putantur beati.

47. O præclaram sapientiam! Solem enim e mundo tollere videntur, qui amicitiam e vita tollunt : qua nihil a Diis immortalibus melius habemus, nihil jucundius. Quæ est enim ista securitas? Specie quidem blanda, sed reapse multis locis repudianda. Neque enim est consentaneum, ullam honestam rem actionemve, ne sollicitus sis, aut non suscipere, aut susceptam deponere. Quod si curam fugimus, virtus fugienda est, quæ necesse est cum aliqua cura res sibi contrarias aspernetur atque oderit; ut bonitas malitiam, temperantia libidinem, ignaviam fortitudo. Itaque videas rebus injustis justos maxime dolere, imbellibus fortes, flagitiosis modestos. Ergo hoc proprium est animi bene constituti, et lætari bonis rebus, et dolere contrariis.

48. Quamobrem, si cadit in sapientem animi dolor (qui pro-

pauvres que des riches, des malheureux que de ceux qui passent pour fortunés.

47. Voilà une admirable sagesse! Mais c'est ôter le soleil de l'univers qu'ôter de la vie l'amitié, ce don le meilleur et le plus doux que nous aient fait les Dieux immortels. Qu'est-ce que cette tranquillité dont ils parlent? Au premier abord, elle peut séduire, mais en réalité, elle est le plus souvent condamnable. Convient-il en effet, sous prétexte de tranquillité, de n'entreprendre aucune action honnête ou d'y renoncer après l'avoir entreprise? Si nous fuyons la peine, fuyons aussi la vertu : car ce n'est pas sans quelque peine que la vertu peut combattre et détester les vices qui lui sont contraires : ainsi la bonté combat la méchanceté; la continence, le libertinage ; le courage, la lâcheté. Ainsi nous voyons l'injustice affliger surtout l'homme juste; la poltronnerie, l'homme courageux; les déréglements, le sage. C'est donc le propre d'une âme bien réglée, de se réjouir du bien et de s'affliger du mal.

48. Si l'âme du sage est parfois exposée à la douleur (car pour ne

fecto cadit, nisi ex ejus animo exstirpatam humanitatem arbitramur), quæ causa est cur amicitiam funditus tollamus e
vita, ne aliquas propter eam suscipiamus molestias? Quid enim
interest, motu animi sublato, non dico inter hominem et pecu-
dem, sed inter hominem et saxum, aut truncum, aut quidvis
generis ejusdem? Neque enim sunt isti audiendi[1], qui virtutem
duram et quasi ferream quamdam volunt : quæ quidem est
quum multis in rebus, tum in amicitia, tenera atque tracta-
bilis : ut et bonis amici quasi diffundatur, et incommodis con-
trahatur. Quamobrem angor iste, qui pro amico sæpe capien-
dus est, non tantum valet, ut tollat e vita amicitiam; non plus,
quam ut virtutes, quia nonnullas curas et molestias afferunt,
repudientur.

XIV. Quum autem contrahat amicitiam, ut supra dixi, si
qua significatio virtutis eluceat, ad quam se similis animus

pas l'être, il faudrait supposer qu'elle a dépouillé tout sentiment
d'humanité), pourquoi bannir entièrement l'amitié de la vie, dans la
crainte que nous n'éprouvions à cause d'elle quelques chagrins? Si
vous supprimez les émotions du cœur, quelle différence y aura-t-il,
je ne dis pas entre l'homme et la brute, mais entre l'homme et une
pierre, un tronc d'arbre, ou quelque autre objet de ce genre? N'écoutons point, en effet, ces hommes qui veulent que la vertu soit intrai-
table et dure comme le fer : en amitié comme en mille autres circonstances, elle est tendre et sensible; le bonheur d'un ami dilate un
cœur vertueux, comme son malheur le resserre. Ainsi les chagrins
que nous causent souvent nos amis ne doivent pas plus nous faire
renoncer à l'amitié, qu'on ne renonce à la vertu à cause des soucis et
des peines qui l'accompagnent.

XIV. Mais puisque c'est la vertu, comme je l'ai déjà dit, qui lie
les amitiés, lorsqu'aux premiers rayons de sa lumière la sympathie

applicet et adjungat : id quum contingit, amor exoriatur necesse est.

49. Quid enim tam absurdum, quam delectari multis inani-
bus rebus, ut honore, ut gloria, ut ædificio, ut vestitu cultuque
corporis, animo autem virtute prædito, eo, qui vel amare, vel,
ut ita dicam, redamare possit, non admodum delectari? Nihil
est enim remuneratione benevolentiæ, nihil vicissitudine studiorum officiorumque jucundius.

50. Quod si etiam illud addimus, quod recte addi potest,
nihil esse, quod ad se rem ullam tam alliciat et tam attrahat,
quam ad amicitiam similitudo : concedetur profecto verum
esse, ut bonos boni diligant adsciscantque sibi, quasi propinquitate conjunctos atque natura. Nihil est enim appetentius
similium sui, nihil rapacius, quam natura. Quamobrem hoc

rapproche et unit les âmes, l'affection est la suite nécessaire de cette
alliance.

49. Quoi de plus absurde, en effet, que de se complaire dans une
foule de choses vaines, comme les honneurs, la gloire, les édifices, les
habits et la parure, et de ne trouver aucun charme dans la possession
d'un cœur vertueux, qui peut nous aimer et, pour ainsi dire, nous
rendre amour pour amour? Rien de plus doux, en effet, que cet
échange de tendresse, que cette réciprocité de zèle et de bons offices.

50. Bien plus, si nous ajoutons, ce qui est très-vrai, que de toutes
les séductions, de toutes les attractions, la plus puissante est cette
conformité des âmes qui les invite à l'amitié, on nous accordera
sans doute que les bons s'aiment et se recherchent entre eux, au
nom de cette sorte de parenté que la nature leur a faite. En effet, il
n'y a point entre les êtres qui se ressemblent d'attraction plus vive
et plus puissante que celle qui vient de la nature. Il est donc bien

quidem, Fanni et Scævola, constat, ut opinor, bonis inter
bonos quasi necessariam benevolentiam : qui est amicitiæ fons
a natura constitutus. Sed eadem bonitas etiam ad multitudi-
nem pertinet. Non est enim inhumana virtus, neque immunis,
neque superba : quæ etiam populos universos tueri, eisque
optime consulere soleat : quod non faceret profecto, si a caritate vulgi abhorreret.

51. Atque etiam mihi quidem videntur, qui utilitatis causa
fingunt amicitias, amabilissimum nodum amicitiæ tollere. Non
enim tam utilitas parta per amicum, quam amici amor ipse
delectat : tumque illud fit, quod ab amico est profectum, ju-
cundum, si cum studio est profectum ; tantumque abest ut
amicitiæ propter indigentiam colantur, ut ii, qui opibus et
copiis, maximeque virtute præditi, in qua plurimum est præsidii, minime alterius indigeant, liberalissimi sint et beneficen-

constant, ce me semble, Fannius et Scévola, qu'il existe nécessairement entre les gens de bien une mutuelle affection, et c'est là
le principe de l'amitié établi par la nature. Mais cette même affection s'étend sur tous les hommes : en effet, la vertu n'est point inhu-
maine, elle n'est ni exclusive, ni dédaigneuse; souvent elle défend
des peuples entiers et veille à leur bonheur, ce qu'elle ne ferait
certainement pas si elle n'embrassait tout le genre humain dans une
même affection.

51. Il me semble aussi que former les amitiés dans un but d'intérêt, c'est ôter à ce doux nœud ce qu'il a de plus aimable. Ce qui nous
charme, en effet, ce n'est pas tant l'utilité que nous procure notre
ami, que son affection même; et tout ce qui nous vient de lui nous
est agréable, pourvu que le zèle y paraisse. Tant s'en faut que ce soit
l'indigence qui cultive les amitiés, que ceux qui par leurs richesses,
par leur crédit, et surtout par leur vertu, la plus sûre des garanties,
ont le moins besoin d'autrui, sont aussi les plus généreux et les plus

tissimî Atquo haud scio an ne opus sit quidem, nihil unquam omnino deesse amicis. Ubi enim studia nostra viguissent, si nunquam consilio, nunquam opera nostra, nec domi nec militiæ, Scipio eguisset? Non igitur utilitatem amicitia, sed utilitas amicitiam consecuta est.

XV. 52. Non ergo erunt homines deliciis diffluentes audiendi, si quando de amicitia, quam nec usu nec ratione habent cognitam, disputabunt. Nam quis est, pro Deum fidem atque hominum! qui velit, ut neque diligat quemquam, nec ipse ab ullo diligatur, circumfluere omnibus copiis atque in omnium rerum abundantia vivere? Hæc est enim tyrannorum vita : in qua nimirum nulla fides, nulla caritas, nulla stabilis benevolentiæ potest esse fiducia; omnia semper suspecta atque sollicita ; nullus locus amicitiæ [1].

53. Quis enim aut eum diligat, quem metuat, aut eum,

---

bienfaisants. Je ne sais pas non plus s'il est bon que nos amis n'aient jamais besoin de nous. Comment aurais-je pu montrer mon zèle pour Scipion, s'il n'avait jamais eu besoin de mes conseils ou de mes services, soit dans la paix, soit dans la guerre? Notre amitié n'est donc pas née de l'utilité, mais l'utilité l'a suivie.

XV. 52. Il ne faut donc pas écouter ces hommes perdus de voluptés, s'ils viennent à parler de l'amitié qu'ils ne connaissent pas, puisqu'ils ne l'ont jamais ni pratiquée ni comprise. Quel est l'homme, grands Dieux! qui consentirait à vivre dans l'abondance de toutes choses, à regorger de richesses, à la condition de ne jamais aimer et de n'être jamais aimé? Telle est la vie des tyrans, qui ne peut admettre ni sûreté, ni tendresse, ni confiance dans une affection durable, où tout est inquiétude et soupçon, où il n'y a nulle place pour l'amitié.

53. Comment aimer, en effet, celui qu'on craint, ou de qui l'on

a quo se metui putet? Coluntur tamen simulatione duntaxat
ad tempus. Quod si forte, ut fit plerumque, ceciderint, tum
intelligitur, quam fuerint inopes amicorum. Quod Tarquinium
dixisse ferunt, tum [exsulantem] se intellexisse, quos fides
amicos habuisset, quos infides, quum jam neutris gratiam re
ferre posset.

51. Quanquam miror, illa superbia et importunitate, si
quemquam habere potuit. Atque ut hujus, quem dixi, mores
veros amicos parare non potuerunt, sic multorum opes præ-
potentium excludunt amicitias fideles. Non enim solum ipsa
fortuna cæca est, sed eos etiam plerumque efficit cæcos, quos
complexa est. Itaque efferuntur fere fastidio et contumacia ;
neque quidquam insipiente fortunato intolerabilius fieri potest. Atque hoc quidem videre licet, eos, qui antea com-
modis fuerunt moribus, imperio, potestate, prosperis

pense être craint? Cependant on courtise les tyrans, mais par feinteet
pour un temps. S'ils tombent, comme il arrive presque toujours,
alors on comprend combien ils étaient pauvres d'amis. Tarquin, à ce
qu'on rapporte, disait que l'exil lui avait appris à distinguer ses
vrais et ses faux amis, alors qu'il ne pouvait plus payer de retour
ni les uns ni les autres.

54. Cependant je doute que cet homme, superbe et insolent
comme il l'était, ait pu avoir un seul ami. Mais si le caractère de
celui que je viens de nommer l'empêcha d'acquérir un ami véritable,
souvent aussi les richesses des hommes puissants écartent de beaucoup d'entre eux les amis fidèles. Car la fortune n'est pas seulement
aveugle, elle rend aussi aveugles la plupart de ceux qu'elle caresse.
Aussi s'emportent-ils presque tous au dédain et à l'arrogance : et
rien n'est plus insupportable qu'un sot comblé des dons de la fortune.
Il n'est même pas rare de voir des hommes, que l'on avait connus
de mœurs simples et faciles, changés tout à coup par les honneurs,

rebus immutari, sperni ab iis veteres amicitias, indulgerí novis.

55. Quid autem stultius, quam, quum plurimum copiis, facultatibus, opibus possint, cetera parare, quæ parantur pecunia, equos, famulos, vestem egregiam, vasa pretiosa, amicos non parare, optimam et pulcherrimam vitæ, ut ita dicam, supellectilem? Etenim cetera quum parant, cui parent, nesciunt, nec cujus causa laborent; ejus est enim istorum quidque, qui vincit viribus : amicitiarum sua cuique permanet stabilis et certa possessio : ut, etiamsi illa maneant, quæ sunt quasi dona fortunæ, tamen vita inculta et deserta ab amicis non possit esse jucunda. Sed hæc hactenus.

XVI. 56. Constituendi sunt autem qui sint in amicitia fines et quasi termini diligendi. De quibus tres video sententias ferri; quarum nullam probo : unam, ut eodem modo erga ami-

le pouvoir, la prospérité, mépriser leurs anciennes amitiés et en former de nouvelles.

55. Mais quelle est la folie de ces hommes qui, au comble de la fortune, du crédit, des richesses, se procurent tout ce qu'on a pour de l'argent, des chevaux, des esclaves, des habits magnifiques, des vases précieux, et ne songent pas à se procurer des amis, le meilleur et le plus beau meuble de la vie, si j'ose parler ainsi? Quand ils amassent tous les autres biens, savent-ils pour qui ils amassent, pour qui ils travaillent? Tous ces biens sont la proie du plus fort; seule, la possession d'un ami est certaine et durable. Et quand même nous conserverions la jouissance de ces dons de la fortune, la vie sans l'amitié nous paraîtrait comme inculte et déserte, et dénuée de tout agrément. Mais en voici assez sur ce sujet.

XVI. 56. Déterminons maintenant quelles sont les limites, et, pour ainsi dire, les bornes de l'amitié. Je trouve ici trois opinions différentes, dont je n'approuve aucune : la première veut que nous soyons pour nos amis ce que nous sommes pour nous-mêmes; la

eos affecti simus, quo erga nosmet ipsos ; alteram, ut nostra
in amicos benevolentia illorum erga nos benevolentiæ pariter
æqualiterque respondeat ; tertiam, ut, quanti quisque se ipse
facit, tanti fiat ab amicis. Harum trium sententiarum nulli
prorsus assentior. Nec enim illa prima vera est, ut, quemadmodum in se quisque, sic in amicum sit animatus.

57. Quam multa enim , quæ nostra causa nunquam facere-
mus, facimus causa amicorum ! precari ab indigno , suppli-
care, tum acerbius in aliquem invehi, insectarique vehemen-
tius : quæ in nostris rebus non satis honeste, in amicorum
fiunt honestissime : multæque res sunt, in quibus de suis com-
modis viri boni multa detrahunt detrahique patiuntur , ut iis
amici potius quam ipsi fruantur.

58. Altera sententia est, quæ definit amicitiam paribus officiis ac voluntatibus. Hoc quidem est nimis exigue et exiliter ad

seconde, que notre affection pour eux soit exactement mesurée sur la
leur envers nous ; la troisième, que nous n'estimions nos amis
qu'autant qu'ils s'estiment eux-mêmes. Je ne puis approuver aucune
de ces trois maximes. La première d'abord n'est pas vraie, celle qui
dit que nous devons être disposés pour nos amis comme nous le
sommes pour nous-mêmes.

57. Que de choses, en effet, nous faisons pour nos amis, que nous
ne ferions pas pour nous mêmes ! Prier, supplier un homme qu'on
méprise, s'emporter avec aigreur contre un autre et le poursuivre
avec violence. Agir ainsi dans notre propre cause eût été malséant,
le faire pour un ami devient très-honorable. Combien de fois un
homme de bien néglige la défense de ses intérêts ou les sacrifie
lui-même pour servir ceux de son ami, même à son propre détri-
ment !

58. La seconde opinion est celle qui enferme l'amitié dans une
mesure égale de services et de bon vouloir. C'est se faire de l'amitié
une idée bien étroite et bien mesquine, que de la forcer ainsi à tenir

calculos vocare amicitiam, ut par sit ratio acceptorum et datorum. Divitior mihi et affluentior videtur esse vera amicitia, nec observare restricte, ne plus reddat quam acceperit. Neque enim verendum est, ne quid excidat, aut ne quid in terram defluat, aut ne plus æquo in amicitiam congeratur.

59. Tertius vero ille finis deterrimus, ut, quanti quisque se ipso faciat, tanti fiat ab amicis. Sæpe enim in quibusdam aut animus abjectior est, aut spes amplificandæ fortunæ fractior. Non est igitur amici, talem esse in eum, qualis ille in se est; sed potius eniti et efficere, ut amici jacentem animum excitet, inducatque in spem cogitationemque meliorem. Alius igitur finis veræ amicitiæ constituendus est, si prius, quid maxime reprehendere Scipio solitus sit, edixero. Negabat, ullam vocem inimiciorem amicitiæ potuisse reperiri, quam ejus, qui

des comptes et une balance égale entre les dépenses et les recettes. La véritable amitié me semble plus riche et plus généreuse : elle ne calcule point avec exactitude de peur de rendre plus qu'elle n'a reçu. Lorsqu'on donne à un ami, il ne faut jamais craindre de trop donner, ou de rien perdre et de laisser tomber quelque chose à terre

59. La troisième maxime, et la pire de toutes. veut qu'on n'estime son ami qu'autant qu'il s'estime lui-même. Mais il y a bien des gens dont l'âme timide et découragée n'ose point aspirer à une meilleure fortune. Serait-ce le devoir d'un ami que de penser comme eux ? Ne doit-on pas, au contraire, faire tous ses efforts pour ranimer leur courage abattu et les rappeler à l'espérance et à de plus douces pensées ? Il faut donc prescrire d'autres limites à l'amitié ; mais je veux d'abord rappeler une autre maxime que Scipion repoussait avec indignation : « Jamais, disait-il, on ne pourrait trouver de sentence plus hostile à l'amitié que celle-ci : « Aimez comme si un jour vous

dixisset, ta amare oportere, ut si aliquando esset osurus : nec
vero se adduci posse, ut hoc, quemadmodum putaretur, a
Biante esse dictum crederet[1], qui sapiens habitus esset unus
e septem : impuri cujusdam, aut ambitiosi, aut omnia ad
suam potentiam revocantis esse sententiam. Quonam enim
modo quisquam amicus esse poterit, cui se putabit inimicum
esse posse? Quinetiam necesse erit cupere et optare, ut
quam sæpissime peccet amicus, quo plures det sibi tanquam
ansas ad reprehendendum : rursum autem recte factis com-
modisque amicorum [necesse erit] angi, dolere, invidere.

60. Quare hoc quidem præceptum, cujuscumque est, ad
tollendam amicitiam valet. Illud potius præcipiendum fuit, ut
eam diligentiam adhiberemus in amicitiis comparandis, ut ne
quando amare inciperemus eum, quem aliquando odisse pos-
semus. Quinetiam si minus felices in deligendo fuissemus, fe-

« deviez haïr. » Il ne pouvait se persuader, suivant l'opinion commune, que ce mot fût de Bias, qu'on met au nombre des sept sages ;
il l'attribuait plutôt à quelque homme corrompu, à un vil ambitieux
qui rapportait tout à ses intérêts. Comment, en effet, être l'ami d'un
homme de qui l'on pense pouvoir devenir l'ennemi ? Mais alors il
deviendra nécessaire de désirer, de souhaiter que cet ami fasse le plus
de fautes possible, afin de donner plus de prise à nos reproches ; bien
plus, ses belles actions, ses succès, deviendront autant de causes
de chagrin, d'affliction, de jalousie.

60. Une telle maxime, quel qu'en soit l'auteur, n'est bonne qu'à
détruire l'amitié. Il fallait plutôt nous recommander d'apporter dans
le choix de nos amis assez de circonspection pour ne point commen-
cer d'aimer un homme que nous dussions haïr plus tard. Scipion
allait même plus loin, et soutenait que si nous avions fait un choix

4

rendum id Scipio potius, quam inimicitiarum tempus cogitan-
dum putabat.

XVII. 61. His igitur finibus utendum arbitror, ut, quum
emendati mores amicorum sint, tum sit inter eos omnium rerum, consiliorum, voluntatum, sine ulla exceptione commu-
nitas [1] : ut, etiamsi qua fortuna acciderit, ut minus justæ
amicorum voluntates adjuvandæ sint, in quibus eorum aut
caput agatur aut fama, declinandum sit de via [2], modo ne summa turpitudo sequatur. Est enim quatenus amicitiæ dari venia
possit. Nec vero negligenda est fama, nec mediocre telum ad
res gerendas existimare oportet benevolentiam civium, quam
blanditiis et assentando colligere turpe est. Virtus, quam se-
quitur caritas, minime repudianda est.

62. Sed sæpe (etenim redeo ad Scipionem, cujus omnis
sermo erat de amicitia) querebatur, quod omnibus in rebus

---

malheureux, il fallait subir notre sort avec résignation plutôt que
de prévoir le temps des inimitiés.

XVII. 61. Voici dans quelles limites je crois pouvoir enfermer
l'amitié. Que les mœurs des amis soient toujours pures, qu'une entière communauté de biens, de pensées, de volontés, existe toujours
entre eux. Et même si, par malheur, l'un d'eux a besoin du secours
de l'autre dans quelque entreprise d'une justice douteuse, mais d'où
dépende sa vie ou son honneur, on peut, dans ce cas, dévier un peu
du droit chemin, pourvu que le déshonneur ne s'ensuive pas. L'amitié, en effet, excuse jusqu'à un certain point. Il ne faut pas, toutefois, négliger le soin de sa réputation ; l'estime publique n'est pas
un médiocre instrument de succès pour la gestion des affaires. Il y
a de la honte à l'obtenir par des caresses et de basses flatteries,
mais on doit rechercher l'appui de la vertu, que suit toujours la bienveillance.

62. Mais je reviens à Scipion, qui faisait de l'amitié le sujet fa-
vori de ses discours. Souvent il se plaignait que les hommes, si sol-

homines diligentiores essent; capras et oves' quot quisque haberet, dicere posse; amicos quot haberet, non posse dicere;
et in illis quidem parandis adhibere curam, in amicis eligendis
negligentes esse; nec habere quasi signa quædam et notas,
quibus eos, qui ad amicitiam essent idonei, judicarent. Sunt
igitur firmi et stabiles et constantes eligendi; cujus generis est
magna penuria : et judicare difficile est sane, nisi expertum.
Experiendum est autem in ipsa amicitia. Ita præcurrit amicitia
judicium, tollitque experiendi potestatem.

63. Est igitur prudentis sustinere, ut currum, sic impetum
benevolentiæ, quo utamur, quasi equis tentatis, sic amicitiis,
aliqua parte periclitatis moribus amicorum. Quidam sæpe in
parva pecunia perspiciuntur, quam sint leves : quidam, quos
parva movere non potuit, cognoscuntur in magna. Sin erunt
aliqui reperti, qui pecuniam præferre amicitiæ sordidum exis-

---

gneux en toutes choses, jusqu'à pouvoir dire combien ils ont de
chèvres ou de brebis, ne pussent point dire combien ils ont d'amis.
S'il s'agit d'acheter un troupeau, ils y apportent la plus grande
attention; mais ils n'en mettent aucune à choisir leurs amis : ils
n'ont point de signes certains, de marques auxquelles ils puissent
reconnaître les hommes faits pour l'amitié. Ceux qu'il faut choisir,
ce sont les hommes fermes, solides et constants; mais l'espèce en est
rare, et ils sont difficiles à connaître avant qu'on les ait éprouvés.
Or, cette expérience ne peut se faire que dans l'amitié. Ainsi l'amitié
précède le jugement, ce qui rend l'expérience impossible.

63. Il est donc prudent de retenir le premier élan de son affection, comme on retient la course d'un char, et d'essayer ses amis,
comme on essaie un cheval nouveau, afin de connaître leur caractère par quelque endroit. Souvent un peu d'or suffit pour montrer
combien est fragile l'amitié des uns; d'autres, qui avaient su résister
à un peu d'or, succombent devant une somme considérable. Si l'on
en trouve qui rougiraient de préférer l'argent à l'amitié, où en trou-

tinent : ubi eos inveniemus, qui honores, magistratus, im-
peria, potestates, opes amicitiæ non anteponant? ut, quum
ex altera parte proposita hæc sint, ex altera jus amicitiæ,
non multo illa malint? Imbecilla enim natura est ad contem-
nendam potentiam ; quam etiamsi neglecta amicitia consecuti sunt, obscuratum iri arbitrantur, quia non sine magna
causa sit neglecta amicitia.

64. Itaque veræ amicitiæ difficillime reperiuntur in iis, qui
in honoribus reque publica versantur. Ubi enim istum inve-
nias, qui honorem amici anteponat suo? Quid? hæc ut omittam, quam graves, quam difficiles plerisque videntur calami-
tatum societates ! ad quas non est facile inventu qui descendat.
Quanquam Ennius recte :

> Amicus certus [1] in re incerta cernitur :

tamen hæc duo levitatis et infirmitatis plerosque convin-

cera-t-on qui ne lui préfèrent pas les honneurs, les magistratures, les
commandements, la puissance, l'autorité? Mettez d'un côté tous ces
biens, de l'autre les droits de l'amitié, et comptez ceux qui se décla-
reront pour ceux-ci. La nature humaine est faible à mépriser le
pouvoir, et si pour l'obtenir il suffit de sacrifier un ami, on s'imagine
que la faute disparaîtra dans la grandeur de l'intérêt.

64. Aussi trouve-t-on très-difficilement des amis véritables parmi
les hommes qui s'occupent des affaires publiques, ou qui recherchent
les honneurs. Où est l'homme qui préfère l'élévation d'un ami à la
sienne propre? Et sans aller plus loin, que le partage du malheur est
un fardeau lourd et pénible pour la plupart des hommes! Combien
peu en trouve-t-on qui consentent à s'associer à l'infortune! Ennius
a dit avec raison : « L'ami fidèle se reconnaît dans les infidélités de la
fortune. » Cependant deux choses accusent la faiblesse et la légèreté

cunt, aut si in bonis rebus contemnunt, aut in malis deserunt.

XVIII. Qui igitur utraque in re gravem, constantem, stabilem se in amicitia præstiterit; hunc ex maximo raro hominum genere judicare debemus, et pæne divino.

65. Firmamentum autem stabilitatis constantiæque ejus, quam in amicitia quærimus, fides est. Nihil enim stabile est, quod infidum. Simplicem præterea, et communem, et consentientem, qui rebus eisdem moveatur, eligi par est : quæ omnia pertinent ad fidelitatem. Neque enim fidum potest esse multiplex ingenium et tortuosum. Neque vero, qui non eisdem rebus movetur naturaque consentit, aut fidus aut stabilis potest esse. Addendum eodem est, ut ne criminibus, aut inferendis delectetur, aut credat oblatis : quæ omnia pertinent ad eam, quam jamdudum tracto, constantiam. Ita fit verum illud, quod initio dixi, amicitiam, nisi inter bonos, esse non posse.

de presque tous les hommes : le dédain dans la prospérité et l'abandon du malheur.

XVIII. Celui donc qui, dans l'une ou l'autre fortune, se sera montré ferme, constant, inébranlable, regardons-le comme un homme d'une espèce rare et presque divine.

65. Le fondement de cette stabilité et de cette constance que nous cherchons dans l'amitié, c'est la confiance : sans elle, rien de stable. Choisissons donc un ami de mœurs simples et faciles, qui pense et qui sente comme nous : tout cela tient à la fidélité. Une âme double et tortueuse ne peut pas être fidèle. Celui qui n'a ni les mêmes goûts, ni les mêmes sentiments que nous ne peut être non plus un ami sûr et constant. Ajoutons encore qu'un ami ne doit pas se plaire à forger ou à écouter des accusations contre son ami : tout cela importe à cette constance sur laquelle j'insiste depuis longtemps. Ainsi se trouve vérifié ce principe que j'ai posé en commençant, que l'amitié ne peut exister

Est enim boni viri, quem eumdem sapientem licet dicere, hæc
duo tenere in amicitia : primum, ne quid fictum sit, neve simulatum ; aperte enim vel odisse, magis ingenui est, quam fronte
occultare sententiam : deinde, non solum ab aliquo allatas cri-
minationes repellere, sed ne ipsum quidem esse suspiciosum,
semper aliquid existimantem ab amico esse violatum.

66. Accedat huc suavitas quædam oportet sermonum atque
morum, haudquaquam mediocre condimentum amicitiæ. Tris-
titia autem et in omni re severitas, habet illa quidem gravita-
tem ; sed amicitia remissior esse debet et liberior et dulcior et
ad omnem comitatem facilitatemque proclivior.

XIX. 67. Exsistit autem hoc loco quædam quæstio subdiffi-
cilis : num quando amici novi, digni amicitia, veteribus sint
anteponendi, ut equis vetulis teneros anteponere solemus. In-

qu'entre les gens de bien. Car l'homme de bien (qu'on peut aussi appeler sage) sait seul observer ces deux règles dans l'amitié : la première, de ne rien feindre ou dissimuler, car il y a plus de noblesse
même à haïr ouvertement qu'à cacher sa pensée sous un visage trom-
peur ; la seconde, de repousser les accusations portées contre son
ami, sans être soi-même méfiant, soupçonneux, et toujours prêt à le
croire coupable.

66. Joignez à tout cela une certaine aménité de langage et de
mœurs : c'est le plus doux assaisonnement de l'amitié. Une austérité
rigide, une continuelle sévérité peut avoir de la gravité ; mais l'amitié doit être plus aisée, plus libre et plus douce ; elle est plus portée à
l'abandon et aux prévenances.

XIX. 67. Ici se présente une question qu'on prétend embarras-
sante : faut-il quelquefois préférer à d'anciens amis des amis nouveaux, tout à fait dignes de notre amitié, comme on préfère les jeunes
chevaux aux vieux ? Le doute ici serait honteux. L'amitié ne doit

digna homine dubitatio! Non enim amicitiarum debent esso,
sicut aliarum rerum, satietates. Veterrima quæque, ut ea
vina, quæ vetustatem ferunt, esso debent suavissima; ve-
rumque illud est, quod dicitur, *multos modios salis¹ simul
edendos esse,* ut amicitiæ munus expletum sit.

68. Novitates autem, si spem afferunt, ut, tanquam in her-
bis non fallacibus, fructus appareat, non sunt illæ quidem re-
pudiandæ : vetustas tamen suo loco conservanda. Maxima est
enim vis vetustatis et consuetudinis. Quin ipso equo, cujus
modo mentionem feci, si nulla res impediat, nemo est, qui non
eo, quo consuevit, libentius utatur, quam intractato et novo :
nec vero in hoc, quod est animal, sed in iis etiam, quæ sunt
inanima, consuetudo valet; quum locis ipsis delectemur, mon-
tuosis etiam et silvestribus, in quibus diutius commorati sumus.

69. Sed maximum est in amicitia, superiorem parem esse

point, comme beaucoup d'autres choses, produire la satiété. Les plus
vieilles amitiés doivent être aussi les plus douces, comme ces vins généreux qui supportent bien les années ; et le proverbe dit avec vérité
« qu'il faut manger ensemble beaucoup de boisseaux de sel » avant
que l'œuvre de l'amitié soit parfaite.

68. Quant aux nouvelles amitiés, il ne faut pas les repousser, si,
comme les plantes qui ne trompent point, elles font espérer d'heureux
fruits; mais l'ancienneté doit conserver son rang. Rien n'égale, en
effet, la force de l'ancienneté et de l'habitude. Et pour en revenir à
ma comparaison de tout à l'heure, il n'est personne qui, libre de son
choix, n'aime mieux monter un cheval dont il a l'habitude, qu'un cheval nouveau qu'il n'a pas encore essayé. Cette force de l'habitude agit
non-seulement à l'égard des animaux, mais même des objets inani-
més : les lieux les plus âpres, les plus sauvages, finissent par nous
plaire lorsque nous y avons fait un assez long séjour.

69. Mais un point essentiel en amitié, c'est que le supérieur se mette

inferiori. Sæpe enim excellentiæ quædam sunt, qualis erat Scipionis in nostro, ut ita dicam, grege. Nunquam se illo Philo, nunquam Rupilio, nunquam Mummio [1] anteposuit, nunquam inferioris ordinis amicis. Q. vero Maximum fratrem, egregium virum omnino, sibi nequaquam parem, quod is anteibat ætate, tanquam superiorem colebat, suosque omnes per se esse ampliores volebat.

70. Quod faciendum imitandumque est omnibus, ut, si quam præstantiam virtutis, ingenii, fortunæ consecuti sunt, impertiant ea suis, communicentque cum proximis : ut, si parentibus nati sint humilibus, si propinquos habeant imbecilliores vel animo vel fortuna, eorum augeant opes, eisque honori sint et dignitati : ut in fabulis, qui aliquandiu propter ignorationem stirpis et generis in famulatu fuerint, quum cogniti sunt, et aut Deorum aut regum filii inventi, retinent tamen caritatem in pastores, quos patres multos annos esse duxerunt. Quod

de niveau avec l'inférieur. Souvent il existe des supériorités incontestables, comme celle de Scipion dans notre petit troupeau, si je puis m'exprimer ainsi. Jamais cependant il ne parut se préférer à Philus, ni à Rupilius, ni à Mummius, ni à aucun de nos amis, même d'un rang inférieur. Mais Q. Maximus, son frère, homme d'un rare mérite, quoique bien loin de le valoir, il le respectait comme son supérieur, parce qu'il était l'aîné ; et d'un autre côté, il voulait que sa gloire rejaillît sur tous les siens.

70. Voilà l'exemple que tout le monde doit imiter. A-t-on acquis quelque supériorité de vertu, d'esprit ou de fortune ? il faut la partager avec les siens, la communiquer à ses proches. Est-on né d'une famille obscure ? A-t-on des parents moins favorisés pour le talent ou pour les biens ? Il faut être leur fortune et leur force, leur honneur et leur gloire. Nous voyons dans la fable des héros qui, par ignorance de leur naissance et de leur rang, sont restés quelque temps en servitude ; lorsqu'ils sont enfin reconnus, et qu'ils se voient fils de Dieux ou de rois, ils gardent cependant toute leur tendresse pour ces bergers, que pendant de longues années ils se sont habitués à regarder comme leurs

multo profecto magis in veris patribus certisque faciendum. Fructus enim ingenii et virtutis omnisque præstantiæ tum maximus capitur, quum in proximum quemque confertur.

XX. 71. Ut igitur ii, qui sunt in amicitiæ conjunctionisque necessitudine superiores, exæquare se cum inferióribus debent : sic inferiores non dolere, se a suis aut ingenio, aut fortuna, aut dignitate superari. Quorum plerique aut queruntur semper aliquid, aut etiam exprobrant : eoque magis, si habere se putant, quod officiose et amice et cum labore aliquo suo factum queant dicere. Odiosum sane genus hominum officia exprobrantium[1] : quæ meminisse debet is, in quem collata sunt, non commemorare, qui contulit.

72. Quamobrem, ut ii, qui superiores sunt, submittere se debent in amicitia, sic quodam modo inferiores extollere. Sunt enim quidam, qui molestas amicitias faciunt, quum ipsi se

pères. A plus forte raison il en doit être ainsi à l'égard des véritables auteurs de nos jours. Les plus doux fruits du génie, de la vertu, de toute supériorité, sont ceux que l'on peut partager avec les siens.

XX. 71. De même que, dans l'habitude et le commerce intime de l'amitié, les supérieurs doivent s'égaler à leurs inférieurs ; de même les inférieurs ne doivent pas s'affliger de se voir surpassés par leurs amis en génie, en fortune ou en dignités. Cependant la plupart de ces derniers se plaignent toujours et vont même jusqu'aux reproches, surtout s'ils ont à citer quelque service rendu, où ils ont pu montrer leur dévouement et leur zèle. Odieuse espèce d'hommes que ceux qui reprochent leurs services : c'est à celui qui les a reçus de s'en souvenir, et non à celui qui les a rendus de les rappeler.

72. Mais il ne suffit pas, dans l'amitié, que les supérieurs s'abaissent, il faut qu'ils élèvent, pour ainsi dire, leurs inférieurs jusqu'à eux. Il est des gens qui corrompent tout le charme de l'amitié par

contemni putant : quod non fere contingit, nisi iis, qui etiam contemnendos se arbitrantur; qui hac opinione non modo verbis, sed etiam opere levandi sunt.

73. Tantum autem cuique tribuendum, primum, quantum ipse efficere possis : deinde etiam, quantum ille, quem diligas atque adjuves, sustinere. Non enim tu possis, quamvis licet excellas, omnes tuos ad honores amplissimos perducere : ut Scipio P. Rupilium potuit consulem efficere; fratrem ejus Lucium non potuit. Quod si etiam possis quidvis deferre ad alterum, videndum est tamen, quid ille possit sustinere.

74. Omnino amicitiæ, corroboratis jam confirmatisque et ingeniis et ætatibus, judicandæ sunt : nec, si qui ineunte ætate venandi aut pilæ studiosi fuerint, eos habere necessarios, quos tum eodem studio præditos dilexerunt. Isto enim modo nutrices et pædagogi [1] jure vetustatis plurimum benevolentiæ

---

l'idée qu'ils sont méprisés : ce qui n'arrive guère qu'à ceux qui se croient eux-mêmes méprisables. Il faut que notre langage, et surtout nos actions, les guérissent de cette fausse opinion.

73. Il faut donner à ses amis, d'abord selon la mesure de ses facultés, ensuite selon la capacité de celui qu'on aime et qu'on veut servir Eussiez-vous tout le pouvoir du monde, vous ne pourriez élever tous les vôtres aux premiers honneurs : Scipion, par exemple, a pu faire consul P. Rupilius, mais non pas son frère Lucius. Quand vous pourriez tout accorder à votre ami, il faudrait encore voir ce qu'il peut supporter.

74. On ne peut parfaitement juger les amitiés que lorsque l'âge a fortifié et mûri les caractères ; et si des jeunes gens, qu'anime un goût pareil pour la chasse ou pour la paume, forment entre eux certaines liaisons, ce ne sont point pour cela des amis. A ce compte, les nourrices et les pédagogues demanderaient à titre d'ancienneté

postulabunt : qui negligendi quidem non sunt, sed alio quodam modo. Aliter amicitiæ stabiles permanere non possunt. Dispares enim mores disparia studia sequuntur, quorum dissimilitudo dissociat amicitias : nec ob aliam causam ullam boni improbis, improbi bonis amici esse non possunt, nisi quod tanta est inter eos, quanta maxima potest esse, morum studiorumque distantia.

75. Recte etiam præcipi potest in amicitiis, ne intemperata quædam benevolentia, quod persæpe fit, impediat magnas utilitates amicorum. Nec enim, ut ad fabulas redeam, Trojam Neoptolemus[1] capere potuisset, si Lycomedem, apud quem erat educatus, multis cum lacrimis iter suum impedientem, audire voluisset. Et sæpe incidunt magnæ res, ut discedendum sit ab amicis : quas qui impedire vult, quod desiderium non facile ferat, is et infirmus est mollisque natura, et ob eam ipsam causam in amicitia parum justus.

le premier rang dans notre amitié. Sans doute, il ne faut pas les oublier; mais l'affection qu'on leur porte est d'une autre nature. Sans la maturité de la raison, 'l n y a donc point d'amitié durable. La diversité des mœurs engendre la diversité des goûts, et celle-ci désunit les amitiés : et si les bons ne peuvent aimer les méchants, ni les méchants aimer les bons, c'est uniquement parce que la dissemblance de leurs mœurs et de leurs goûts est aussi profonde qu'elle peut l'être.

75. Il est aussi à propos de recommander de ne pas nuire, par une sorte d'intempérance d'affection, aux intérêts les plus chers de ses amis : car c'est un défaut très-ordinaire. Ainsi, pour citer encore la fable, Néoptolème n'aurait pu prendre Troie, s'il avait écouté Lycomède, dans la maison duquel il avait été élevé, et qui tout en larmes s'opposait à son départ. Souvent il se présente de graves circonstances, où il faut se séparer de ses amis. Vouloir s'y opposer, parce qu'on aurait de la peine à supporter les regrets ''absence, c'est montrer une âme molle, faible, et pour cela même injuste en amitié.

76. Atque in omni re considerandum est, et quid postules
ab amico, et quid patiare a te impetrari.

XXI. Est etiam quasi quædam calamitas in amicitiis dimit-
tendis nonnunquam necessaria : jam enim a sapientium fami-
liaritatibus ad vulgares amicitias oratio nostra delabitur.
Erumpunt sæpe vitia amicorum tum in ipsos amicos, tum in
alienos, quorum tamen ad amicos redundet infamia. Tales
igitur amicitiæ sunt remissione usus eluendæ, et, ut Catonem
dicere audivi, dissuendæ magis, quam discindendæ; nisi quædam admodum intolerabilis injuria exarserit, ut neque rectum
neque honestum sit, nec fieri possit, ut non statim alienatio
disjunctioque facienda sit.

77. Sin autem morum aut studiorum commutatio quædam,
ut fieri solet, facta erit, aut in reipublicæ partibus dissensio
intercesserit (loquor enim jam, ut paulo ante dixi, non de so-

---

76. En toutes choses il faut considérer et ce que vous pouvez demander à votre ami, et ce que vous pouvez lui accorder.

XXI. Quelquefois aussi c'est comme un malheur nécessaire que de
renoncer à une amitié : car maintenant je passe des amitiés des sages
aux liaisons vulgaires. Souvent lorsque des vices éclatent dans un
homme, ses amis en sont victimes tout comme les autres : cependant
c'est sur eux que la honte rejaillit. Il faut donc dénouer de telles
amitiés, en relâchant le lien peu à peu, et, comme je l'ai entendu
dire à Caton, il faut découdre plutôt que de déchirer, à moins qu'il
ne se soit produit un scandale tellement intolérable, qu'il ne serait
ni juste, ni honnête, ni même possible de ne pas rompre sur-le-
champ.

77. Mais si le caractère et les goûts viennent à changer, ce qui
arrive bien souvent; si quelque dissentiment politique sépare deux
amis (je ne parle plus, je le répète, des amitiés des sages, mais des

pientium, sed de communibus amicitiis), cavendum erit, no non solum amicitiæ depositæ, sed inimicitiæ etiam susceptæ videantur. Nihil enim turpius quam cum eo bellum gerere, quicum familiariter vixeris. 'b amicitia Q. Pompeii' meo nomine se r moverat, ut scitis, Scipio; propter dissensiouem autem. quæ erat in republica, alienatus est a colloga nostro Metello Utrumque egit graviter, auctoritate. et offensione animi non acerba.

78. Quamobrem primum danda opera est, ne qua amicorum discidia fiant : sin tale aliquid evenerit, ut exstinctæ potius amicitiæ, quam oppressæ esse videantur. Cavendum vero, ne etiam in graves inimicitias convertant se amicitiæ : ex quibus jurgia, maledicta, contumeliæ gignuntur. Quæ tamen si tolerabiles erunt, ferendæ sunt ; et hic honos veteri amicitiæ tribuendus, ut is in culpa sit, qui faciat, non is qui patiatur inju-

affections vulgaires), il faut prendre garde en déposant l'amitié de la remplacer aussitôt par la haine. Rien de plus honteux en effet que d'être en guerre avec ceux qu'on a longtemps aimés. Scipion, vous le savez, renonça à cause de moi à l'amitié de Q. Pompéius ; à cause des partis qui divisaient la république, il se détacha de Métellus son collègue et le mien. Dans ces deux circonstances il se conduisit avec gravité, avec autorité, sans montrer ni aigreur, ni ressentiment.

78. Appliquons-nous donc d'abord à écarter toute cause de rupture : si cependant il en arrive quelqu'une, que l'amitié paraisse plutôt éteinte qu'étouffée. Craignons surtout qu'elle ne se change en une haine violente, qui amène toujours avec elle les querelles, les injures, les outrages. Pour nous, supportons ces outrages tant qu'ils sont supportables, et rendons cet hommage à une ancienne amitié, que celui-là seul est en faute, qui fait l'injure, et non celui qui la souffre. Mais

riam. Omnino omnium horum vitiorum atque incommodorum una cautio est atque una provisio, ut ne nimis cito diligere incipiant. neve non dignos.

79. Digni autem sunt amicitia , quibus in ipsis inest causa, cur diligantur. Rarum genus! et quidem omnia præclara rara, nec quidquam difficilius, quam reperire, quod sit omni ex parte in suo genere perfectum. Sed plerique neque in rebus humanis quidquam bonum norunt, nisi quod fructuosum sit , et amicos, tanquam pecudes, eos potissimum diligunt, ex quibus sperant se maximum fructum esse capturos.

80. Ita pulcherrima illa et maxime naturali carent amicitia, per se et propter se expetenda, nec ipsi sibi exemplo sunt, hæc vis amicitiæ qualis et quanta sit. Ipse enim se quisque diligit, non ut aliquam a se ipso mercedem exigat caritatis suæ, sed quod per se sibi quisque carus est. Quod nisi idem in ami-

le seul moyen d'éviter et de prévenir tous les désagréments, c'est de ne donner notre affection ni trop vite, ni à des gens qui n'en sont pas dignes.

79. Or ceux-là sont dignes de notre amitié qui portent en eux-mêmes les moyens de se faire aimer. Hommes rares! au reste, tout ce qui est bon est rare, et rien n'est plus difficile que de trouver quelque chose qui soit en son genre parfait de tout point. Mais la plupart des hommes ne connaissent rien de bon dans les choses humaines que ce qui rapporte. et traitent leurs amis, comme ils font leurs bestiaux , estimant davantage ceux dont ils espèrent recueillir le plus de profit.

80. Aussi sont-ils privés de cette amitié si belle et si naturelle, qui est désirable pour elle-même et à cause d'elle-même; et leur cœur ne leur fait point comprendre quelle est la nature et la grandeur d'un pareil sentiment. Chacun s'aime lui-même, non pour exiger aucun prix de sa propre tendresse, mais parce que naturellement sa propre personne lui est chère. S'il n'existe point quelque chose de

citiam transferetur, verus amicus nunquam reperietur : est enim is quidem tanquam alter idem [1].

81. Quod si hoc apparet in bestiis, volucribus, nantibus, agrestibus, cicuribus, feris, primum ut se ipsæ diligant (id enim pariter cum omni animante nascitur), deinde ut requirant atque appetant, ad quas se applicent, ejusdem generis animantes ; idque faciunt cum desiderio et cum quadam similitudine amoris humani : quanto id magis in homine fit natura, qui et se ipse diligit, et alterum anquirit, cujus animum ita cum suo misceat, ut efficiat pæne unum ex duobus ?

XXII. 82. Sed plerique perverse, ne dicam impudenter, amicum habere talem volunt, quales ipsi esse non possunt : quæque ipsi non tribuunt amicis, hæc ab eis desiderant. Par est autem, primum ipsum esse virum bonum, tum alterum similem sui quærere. In talibus ea, quam jamdudum tractamus,

pareil dans l'amitié, on ne trouvera jamais de véritable ami ; car un ami, c'est un autre nous-même.

81. Si l'on voit tous les animaux, apprivoisés ou sauvages, habitants des airs, de la terre, ou des eaux, d'abord s'aimer eux-mêmes (car ce sentiment est inné chez toute créature), ensuite désirer et rechercher des êtres de leur espèce, pour s'unir à eux (et, dans cette recherche, ils montrent un empressement et une ardeur qui n'est pas sans ressemblance avec notre amour), combien plus ce double penchant est-il dans la nature de l'homme, qui s'aime lui-même et qui cherche un autre homme, dont l'âme se confonde tellement avec la sienne, que de deux elles n'en fassent presque plus qu'une seule ?

XXII. 82. Mais la plupart des hommes, dans leur injustice, pour ne pas dire leur impudence, veulent avoir des amis tels qu'ils ne sauraient être eux-mêmes ; et ils en exigent ce qu'eux-mêmes ils ne font pas. Ce qui est juste, c'est que d'abord nous soyons hommes de bien, et qu'ensuite nous cherchions qui nous ressemble Ce n'est

stabilitas amicitiæ, confirmari potest, quum homines benevolentia conjuncti, primum cupiditatibus iis, quibus ceteri
serviunt, imperabunt; deinde æquitate justitiaque gaudebunt,
omniaque alter pro altero suscipiet, neque quidquam unquam
nisi honestum et rectum alter ab altero postulabit; neque solum colent inter se ac diligent, sed etiam verebuntur. Nam
maximum ornamentum amicitiæ tollit, qui ex ea tollit vere-
cundiam.

83. Itaque in iis perniciosus est error, qui existimant, libi-
dinum peccatorumque omnium patere in amicitia licentiam.
Virtutum amicitia adjutrix a natura data est, non vitiorum
comes : ut, quoniam solitaria non posset virtus ad ea, quæ
summa sunt, pervenire, conjuncta et consociata cum altera
perveniret : quæ si quos inter societas aut est, aut fuit, aut

qu'entre des hommes vertueux que peut s'établir cette constance en
amitié, sur laquelle j'insiste depuis longtemps. Unis par la bienveillance, ils commanderont à ces passions dont les autres hommes
sont les esclaves; ils aimeront la justice et l'équité; ils seront toujours prêts à tout entreprendre l'un pour l'autre et ne se demande-
ront jamais rien qui ne soit honnête et légitime; enfin, ils auront
l'un pour l'autre, non-seulement de la déférence et de la tendresse,
mais aussi du respect. Oter le respect de l'amitié, c'est lui ôter son
plus bel ornement.

83. C'est donc une funeste erreur que de croire que l'amitié ouvre
une voie libre aux passions et à tous les genres de désordres. La nature nous a donné l'amitié, non comme complice du vice, mais
comme auxiliaire de la vertu; afin que la vertu, qui, seule, ne pourrait parvenir au sommet, pût y atteindre avec le secours et l'appui
d'une telle compagne. Ceux pour qui cette alliance existe, a existé,

futura est, eorum est habendus ad summum naturæ bonum optimus beatissimusque comitatus.

84. Hæc est, inquam, societas, in qua omnia insunt, quæ putant homines expetenda, honestas, gloria, tranquillitas animi atque jucunditas : ut, et, quum hæc adsint, beata vita sit, et sine his esse non possit. Quod quum optimum maximumque sit, si id volumus adipisci, virtuti opera danda est, sine qua nec amicitiam, neque ullam rem expetendam consequi possumus : ea vero neglecta, qui se amicos habere arbitrantur, tum se denique errasse sentiunt, quum eos gravis aliquis casus experiri cogit.

85. Quocirca (dicendum est enim sæpius), quum judicaveris, diligere [1] oportet : non, quum dilexeris, judicare. Sed quum multis in rebus negligentia plectimur, tum maxime in amicis et deligendis et colendis. Præposteris enim utimur con-

ou existera, devront la regarder comme la meilleure et la plus heureuse qu'on puisse faire pour arriver au souverain bien.

84. C'est, dis-je, dans une telle société que l'on trouve tous les biens désirables, l'honnêteté, la gloire, la tranquillité et la joie de l'âme, tous les biens en un mot qui rendent la vie heureuse, et sans lesquels elle ne peut l'être. Si nous voulons atteindre à cette félicité suprême, appliquons-nous à la vertu, sans laquelle nous ne saurions acquérir ni l'amitié, ni aucun autre objet de nos désirs. Ceux qui la négligent, et qui néanmoins s'imaginent avoir des amis, reconnaîtront enfin leur erreur, lorsqu'au jour de l'adversité ils seront forcés de les éprouver.

85. Aussi, je ne saurais trop le redire, il faut connaître avant d'aimer, et non aimer avant de connaître. La négligence, funeste en tant de circonstances, l'est surtout dans le choix et le commerce de nos amis. Les réflexions viennent toujours trop tard et, comme

siliis, et acta agimus, quod vetamur vetere proverbio. Nam implicati ultro et citro, vel usu diuturno, vel etiam officiis, repente in medio cursu amicitias, exorta aliqua offensione, dirumpimus.

XXIII. 86. Quo etiam magis vituperanda est rei maxime necessariæ tanta incuria. Una est enim amicitia in rebus humanis, de cujus utilitate omnes uno ore consentiunt : quanquam a multis ipsa virtus contemnitur, et venditatio quædam atque ostentatio esse dicitur. Multi divitias despiciunt, quos, parvo contentos, tenuis victus cultusque delectat : honores vero, quorum cupiditate quidam inflammantur, quam multi ita contemnunt, ut nihil inanius, nihil esse levius existiment ! Itemque cetera, quæ quibusdam admirabilia videntur, permulti sunt qui pro nihilo putent. De amicitia omnes ad unum idem sentiunt, et ii, qui ad rempublicam se contulerunt, et ii, qui rerum cognitione doctrinaque delectantur, et ii, qui suum negotium gerunt otiosi, postremo ii, qui se totos tradi-

dit un vieux proverbe, ce qui est fait est fait. On se lie de toute manière, soit par un commerce journalier, soit même par des services, puis tout à coup, à la moindre offense, l'amitié se brise au milieu de sa course.

XXIII. 86. On ne peut trop blâmer l'insouciance dans une affaire aussi importante. En ce monde, l'amitié est la seule chose dont l'utilité soit unanimement reconnue. La vertu elle-même a beaucoup de détracteurs, qui l'accusent d'ostentation et de charlatanisme. Plusieurs méprisent les richesses et, contents de peu, se plaisent dans la médiocrité. Les honneurs, à l'ardente poursuite desquels s'acharnent tant de gens, combien d'autres les dédaignent jusqu'à les regarder comme ce qu'il y a de plus futile et de plus frivole ? Et ainsi du reste : ce qui semble admirable aux uns, n'est rien aux yeux des autres. Mais pour l'amitié, tout le monde est d'accord : et ceux qui s'occupent des affaires publiques, et ceux qui sont passionnés pour l'étude et les recherches savantes, et ceux qui, loin du bruit, bornent leurs soins à leurs intérêts privés : tous enfin, ceux même qui se sont livrés tout

derunt voluptatibus, sine amicitia vitam esse nullam, si modo
velint aliqua ex parte liberaliter vivere.

87. Serpit enim, nescio quomodo, per omnium vitas amicitia, nec ullam ætatis degendæ rationem patitur esse exper-
tem sui. Quinetiam si quis ea asperitate est et immanitate naturæ, congressus ut hominum fugiat atque oderit, qualem
fuisse Athenis Timonem nescio quem accepimus; tamen is
pati non possit, ut non anquirat aliquem, apud quem evomat
virus acerbitatis suæ. Atque hoc maxime judicaretur, si quid
tale posset contingere, ut aliquis nos Deus ex hac hominum
frequentia tolleret et in solitudine uspiam collocaret, atque ibi
suppeditans omnium rerum, quas natura desiderat, abundan-
tiam et copiam, hominis omnino adspiciendi potestatem eri
peret.

88. Quis tam esset ferreus, qui eam vitam ferre posset,

entiers aux plaisirs, déclarent que la vie n'est rien sans l'amitié,
pour peu qu'ils veuillent relever la leur par quelque sentiment honorable.

87. Elle s'insinue en effet, je ne sais comment, dans le cœur de
tous les hommes, et ne souffre point qu'aucune condition de la vie
puisse se passer d'elle. Bien plus, s'il est un homme d'un naturel
assez sauvage, assez farouche pour haïr ses semblables et fuir leur
approche, comme faisait, dit-on, je ne sais plus quel Timon d'A-
thènes, il faudra encore que cet homme cherche un confident dans
le sein duquel il puisse verser son venin et sa haine. La nécessité de
l'amitié serait encore plus évidente, s'il pouvait arriver qu'un Dieu
nous enlevât du milieu de la société pour nous placer dans une solitude profonde, où, nous fournissant en abondance tout ce que la
nature peut désirer, il nous ôterait en même temps l'espérance et les
moyens de voir jamais aucun visage humain.

88. Quelle est l'âme de fer qui supporterait une telle existence,

cuique non auferret fructum voluptatum omnium solitudo?
Verum ergo illud est, quod, a Tarentino Archyta [1], ut opinor,
dici solitum, nostros senes commemorare audivi, ab aliis se-
nibus auditum : si quis in cœlum ascendisset, naturamque
mundi et pulchritudinem siderum perspexisset, insuavem illam
admirationem ei fore, quæ jucundissima fuisset, si aliquem,
cui narraret, habuisset. Sic natura solitarium nihil amat, semperque ad aliquod tanquam adminiculum annititur : quod in
amicissimo quoque dulcissimum est.

XXIV. Sed quum tot signis eadem natura declaret, quid
velit, anquirat, desideret, obsurdescimus tamen nescio quomodo; nec ea, quæ ab ea monemur, audimus. Est enim varius et multiplex usus amicitiæ, multæque causæ suspicionum
offensionumque dantur ; quas tum evitare, tum elevare, tum
ferre, sapientis est. Una illa sublevanda offensio est, ut et ve-

---

et à qui la solitude ne rendrait pas toutes les jouissances insipides?
Aussi je tiens pour vraies ces paroles d'Archytas de Tarente, que j'ai
entendu redire à des vieillards, qui les tenaient eux-mêmes de leurs
pères : « Si quelqu'un montait au ciel, et que de là il contemplât
l'ensemble de l'univers et la beauté des astres, toutes ces merveilles
le laisseraient indifférent, tandis qu'elles le raviraient d'admiration
s'il avait quelqu'un à qui les raconter. » Ainsi la nature de l'homme
se refuse à la solitude, et semble toujours chercher un appui : il
n'en est point de plus doux que le cœur d'un tendre ami.

  XXIV. Mais lorsque cette même nature nous déclare par tant de
signes ce qu'elle veut, ce qu'elle cherche, ce qu'elle désire, je ne
sais comment il se fait que nous fermons les oreilles et que nous ne
voulons pas écouter ses avertissements. L'amitié pénètre dans les
moindres détails de notre vie, ce qui rend fréquentes les occasions
d'offenses et de soupçons : le sage doit les éviter, les détruire ou les
supporter au besoin. La seule occasion où nous ne devons pas crain-

ritas in amicitia et fides retineatur : nam et monendi amici sæpe sunt, et objurgandi, et hæc accipienda amice, quum benevole fiunt.

89. Sed, nescio quomodo, verum est, quod in Andria familiaris meus dicit [1] :

Obsequium amicos, veritas odium parit.

Molesta veritas, si quidem ex ea nascitur odium, quod est venenum amicitiæ : sed obsequium multo molestius, quod, peccatis indulgens, præcipitem amicum ferri sinit. Maxima autem culpa in eo, qui et veritatem aspernatur, et in fraudem obsequio impellitur. Omnis igitur hac in re habenda ratio et diligentia est : primum, ut monitio acerbitate, deinde ut objurgatio contumelia careat : in *obsequio* autem (quoniam Terentiano verbo lubenter utimur) comitas adsit; assentatio, vitiorum adjutrix, procul amoveatur, quæ non modo amico,

dre d'offenser un ami, c'est lorsqu'il s'agit de lui dire la vérité et de lui prouver ainsi notre fidélité. Car nous ne devons épargner à nos amis ni les avis, ni même les réprimandes; et nous-mêmes nous devons prendre les remontrances en bonne part, quand elles sont dictées par la bienveillance.

89. Toutefois je suis forcé de l'avouer, comme le dit notre Térence dans son *Andrienne :* « La complaisance enfante l'amitié; la vérité, la haine. » Sans doute la vérité est fâcheuse si elle produit la haine, ce poison de l'amitié; mais la complaisance l'est encore plus, lorsque par une indulgence coupable pour les fautes d'un ami, elle le laisse se précipiter à sa ruine. Mais la faute la plus grande est à celui qui méprise la vérité, et se laisse pousser au mal par la flatterie. Ce point réclame donc toute notre vigilance et toute notre attention; écartons l'aigreur de nos avertissements, l'injure de nos réprimandes; que notre *complaisance* (car je me sers volontiers de l'expression de Térence) soit pleine d'urbanité; mais loin de nous la basse flatterie,

sed ne libero quidem digna est : aliter enim cum tyranno, aliter cum amico vivitur.

90. Cujus autem aures veritati clausæ sunt, ut ab amico
verum audire nequeat, hujus salus desperanda est. Scitum
est enim illud Catonis [1], ut multa : *Melius de quibusdam acerbos
inimicos mereri, quam eos amicos, qui dulces videantur : illos
verum sæpe dicere, hos nunquam.* Atque illud absurdum,
quod ii, qui monentur, eam molestiam, quam debent capere,
non capiunt, eam capiunt, qua debent vacare. Peccasse enim
se non anguntur; objurgari moleste ferunt : quod contra opor-
tebat delicto dolere, correctione gaudere.

XXV. 91. Ut igitur et monere et moneri proprium est veræ
amicitiæ, et alterum libere facere, non aspere, alterum pa-
tienter accipere, non repugnanter : sic habendum est, nullam
in amicitiis pestem esse majorem, quam adulationem, blandi-

cette auxiliaire indigne d'un ami et même d'un homme libre. Rap-
pelons-nous qu'on vit avec un ami autrement qu'avec un tyran.

90. Quant à celui dont les oreilles sont fermées à la vérité, au
point de ne pouvoir l'entendre même de la bouche d'un ami, il faut
désespérer de son salut. On connaît ce mot de Caton parmi tant
d'autres qui sont restés : « L'amertume de nos ennemis nous sert parfois bien mieux que la douceur de nos amis : ceux-là nous disent
souvent la vérité ; ceux-ci jamais. » Ce qu'il y a de déraisonnable,
c'est que les amis qu'on avertit ne sont point fâchés de ce qui doit
leur causer de la peine, et le sont au contraire de ce qui doit ne leur
en causer aucune. Au lieu d'être fâchés d'avoir mal fait, ils le sont
d'être réprimandés ; tandis qu'au contraire ils devraient s'affliger
de la faute et se réjouir de la réprimande.

XXV. 91. Puisque c'est le propre de la véritable amitié de
donner et de recevoir des avis, de les donner avec franchise et sans
âpreté, de les recevoir avec patience et sans répugnance, soyons
bien persuadés qu'il n'y a point de fléau plus grand dans l'amitié

tiam, assentationem. Quamvis enim multis nominibus est hoc vitium notandum levium hominum atque fallacium, ad voluntatem loquentium omnia, nihil ad veritatem.

92. Quum autem omnium rerum simulatio est vitiosa (tollit enim judicium veri, idque adulterat), tum amicitiæ repugnat maxime. Delet enim veritatem, sine qua nomen amicitiæ valere non potest. Nam quum amicitiæ vis sit in eo, ut unus quasi animus fiat ex pluribus : qui id fieri poterit, si ne in uno quidem quoque unus animus erit idemque semper, sed varius, commutabilis, multiplex?

93. Quid enim potest esse tam flexibile, tam devium, quam animus ejus, qui ad alterius non modo sensum ac voluntatem, sed etiam vultum atque nutum convertitur?

> Negat quis? nego : ait? aio : postremo imperavi egomet mihi,
> Omnia assentari,

que la flatterie, l'adulation, les basses complaisances. On ne saurait en effet flétrir de trop de noms le vice de ces hommes frivoles et trompeurs, qui parlent toujours pour plaire et jamais pour dire la vérité.

92. La dissimulation est funeste en toutes choses (car elle corrompt et altère en nous le sentiment du vrai), mais elle est surtout contraire à l'amitié. Elle détruit la sincérité sans laquelle le nom même de l'amitié ne peut subsister. Puisque la force de l'amitié consiste en ce que de plusieurs âmes elle n'en fait pour ainsi dire qu'une seule, comment cela pourra-t-il se faire, si même dans un seul homme l'âme n'est pas une, ni toujours la même, mais variable, changeante et prenant mille formes?

93. Quoi de plus mobile en effet, de plus versatile que l'âme de celui qui tourne, non-seulement selon le sentiment et la volonté d'un autre, mais encore à son moindre signe, à son moindre geste? « On dit non? je dis non : on dit oui? je dis oui : en un mot je me suis imposé le devoir de tout applaudir, » comme dit encore Té-

ut ait idem Ferentius [1] : sed ille sub Gnathonis persona : quod amici genus adhibere omnino levitatis est.

94. Multi autem Gnathonum similes quum sint, loco, fortuna, fama superiores, horum est assentatio molesta, quum ad vanitatem accessit auctoritas.

95. Secerni autem blandus amicus a vero [2] et internosci tam potest, adhibita diligentia, quam omnia fucata et simulata a sinceris atque veris. Concio, quæ ex imperitissimis constat, tamen judicare solet, quid intersit inter popularem, id est, assentatorem et levem civem, et inter constantem, severum, et gravem. Quibus blanditiis C. Papirius nuper influebat in aures concionis, quum ferret legem de tribunis plebis reficiendis ! Dissuasimus nos.

96. Sed nihil de me : de Scipione dicam libentius. Quanta illi, Dii immortales! fuit gravitas, quanta in oratione majestas!

rence, mais ici sous le masque de Gnathon. Il y aurait une légèreté inconcevable à se lier avec des gens de la sorte.

94. Mais on trouve beaucoup de Gnathons plus puissants par le rang, la fortune et le crédit ; et ces flatteurs sont d'autant plus dangereux, que leur autorité donne du poids à leurs menteuses flatteries.

95. Cependant, avec de l'attention, on peut distinguer le véritable ami du flatteur aussi facilement qu'on distingue les choses fardées et artificielles de celles qui sont naturelles et vraies. Une assemblée publique, composée d'une foule ignorante, sait pourtant reconnaître la différence qui existe entre l'homme populaire, c'est-à-dire le citoyen frivole et flatteur du peuple, et l'homme grave, constant, sévère. Quelles caresses C. Papirius prodiguait naguère dans l'assemblée du peuple ! Comme il cherchait à s'insinuer dans les esprits pour faire passer la loi sur la réélection des tribuns ! Moi, je combattis sa proposition.

96. Mais ne parlons pas de moi : je parlerai plus volontiers de Scipion. Dieux immortels! quelle gravité, quelle majesté dans son

ut facile ducem populi Romani, non comitem diceres. Sed ad-
fuistis, et est in manibus oratio. Itaque lex popularis suffra-
giis populi repudiata est. Atque, ut ad me redeam, meminis-
tis, Q. Maximo, fratre Scipionis, et L. Mancino consulibus,
quam popularis lex de sacerdotiis C. Licinii Crassi videbatur:
cooptatio enim collegiorum ad populi beneficium transfereba-
tur. Atque is primus instituit in forum versus' agere cum populo. Tamen illius vendibilem orationem religio Deorum im-
mortalium, nobis defendentibus, facile vincebat. Atque id actum est prætore me, quinquennio ante quam consul sum factus. Ita re magis, quam auctoritate, causa illa defensa est.

XXVI. 97. Quod si in scena, id est, in concione, in qua rebus fictis et adumbratis loci plurimum est, tamen verum valet,

discours! Comme on reconnaissait en lui le chef du peuple romain,
et non plus un simple citoyen! Mais vous étiez présents, et son dis
cours est entre vos mains. Aussi cette loi, toute populaire qu'elle
était, fut rejetée par les suffrages du peuple. Pour en revenir à moi,
vous vous souvenez de la loi sur l'élection des pontifes, loi que C. Li-
cinius Crassus voulait faire passer sous le consulat de Q. Maximus,
frère de Scipion, et de L. Mancinus; vous savez combien cette loi
paraissait populaire: elle transportait au peuple l'élection des col-
léges; et ce même Crassus était celui qui, le premier, avait donné
l'exemple de parler au peuple en se tournant vers le forum. Cependant la religion les Dieux, défendue par nous, l'emporta facilement
sur les artifices de son éloquence. Ceci se passa sous ma préture, cinq
ans avant mon consulat. Ainsi, ce qui fit triompher la cause, ce fut
moins l'autorité de l'orateur que la force de la vérité.

XXVI. 97. Si donc sur la scène elle-même, car on peut ainsi
appeler l'assemblée du peuple, où l'on accorde tant de place à l'illu-

si modo id patefactum et illustratum est : quid in amicitia fieri oportet, quæ tota veritate perpenditur? in qua nisi, ut dicitur, apertum pectus videas, tuumque ostendas, nihil fidum, nihil exploratum habeas; ne amare quidem, aut amari, quum, id quam vere fiat, ignores. Quanquam ista assentatio, quamvis perniciosa sit, nocere tamen nemini potest, nisi ei, qui eam recipit atque in ea delectatur. Ita fit, ut is assentatoribus patefaciat aures suas maxime, qui ipse sibi assentetur et se maxime ipse delectet.

98. Omnino est amans sui virtus; optime enim se ipsa novit, quamque amabilis sit, intelligit. Ego autem non de virtute nunc loquor, sed de virtutis opinione. Virtute enim ipsa non tam multi præditi esse, quam videri volunt. Hos delectat assentatio; his fictus ad ipsorum voluntatem sermo quum adhi-

sion et au prestige, la vérité garde encore tant de force, pour peu qu'elle soit montrée et comme mise en lumière, quelle puissance n'aura-t-elle pas dans l'amitié, qui repose tout entière sur la vérité? dans l'amitié, où il faut, de part et d'autre, agir, comme on dit, à cœur ouvert, sous peine de perdre toute sécurité et toute confiance? où l'on ne peut ni aimer, ni être aimé, tant que l'on conserve quelque doutes sur son ami? Avouons-le, cependant, cette flatterie dont je parlais tout à l'heure, toute pernicieuse qu'elle est, ne peut nuire qu'à celui qui la reçoit et qui s'y complaît. Aussi personne n'ouvre-t-il plus volontiers l'oreille à la flatterie que celui qui se flatte lui-même avec le plus de complaisance.

98. Sans doute la vertu s'aime beaucoup elle-même; car elle se connaît parfaitement, et elle sait combien elle est aimable. Aussi je ne parle plus maintenant de la vertu, mais de la réputation de vertu. Bien des gens, en effet, ne tiennent pas tant à être vertueux qu'à le paraître. Ces gens-là aiment la flatterie; lorsqu'on leur adresse des paroles louangeuses, accommodées à leur vanité ils prennent ce dis-

betur, orationem illam vanam testimonium esse laudum suarum putant. Nulla est igitur hæc amicitia, quum alter verum audire non vult, alter ad mentiendum paratus est. Nec parasitorum in comœdiis assentatio [nobis] faceta videretur, nisi essent milites gloriosi.

Magnas vero ¹ *agere gratias Thais mihi?*

Satis erat respondere : *magnas; ingentes*, inquit. Semper auget assentator id, quos is, cujus ad voluntatem dicitur, vult esse magnum.

99. Quamobrem, quamvis blanda ista vanitas apud eos valeat, qui ipsi illam allectant et invitant : tamen etiam graviores constantioresque admonendi sunt, ut animum advertant, ne callida assentatione capiantur. Aperte enim adulantem nemo non videt, nisi qui admodum est excors. Callidus ille et occultus ne se insinuet, studiose cavendum est. Nec enim fa-

cours menteur pour un témoignage éclatant de leurs mérites. Il n'y a donc pas d'amitié entre deux hommes, dont l'un ne veut pas entendre la vérité, tandis que l'autre est toujours prêt à mentir. Dans les comédies elles-mêmes, les flatteries des parasites ne nous paraîtraient pas si plaisantes, si elles ne s'adressaient à des soldats fanfarons. « Thaïs, dis-tu, me fait mille remerciements? » Il suffisait de répondre : « Oui, mille; » le flatteur dit « un million; » car il exagère tout au gré de celui qui l'écoute.

99. Ces feintes douceurs ne peuvent séduire que ceux qui les recherchent et les provoquent; cependant il faut recommander aux hommes graves et sérieux de se tenir en garde contre de plus adroites flatteries. Un flatteur qui ne cherche point à se cacher ne trompe personne, si ce n'est un sot. Il faut se méfier de celui qui, plus rusé, se dérobe aux regards pour s'insinuer plus secrètement

cillime agnoscitur, quippe qui etiam adversando sæpe assen·
tetur ; et, litigare se simulans, blandiatur, atque ad extremum
det manus, vincique se patiatur : ut is, qui illusus sit, plus vi-
disse videatur. Quid autem turpius, quam illudi? Quod ne ac-
cidat, cavendum est, ut in Epiclero [1] :

> Hodie me ante omnes comicos stultos senes
> Versaris atque emunxeris lautissime.

100. Hæc enim etiam in fabulis stultissima persona est im-
providorum et credulorum senum. Sed, nescio quo pacto, ab
amicitiis perfectorum hominum, id est, sapientium (de hac
dico sapientia, quæ videtur in hominem cadere posse), ad
leves amicitias deflexit oratio. Quamobrem ad illa prima re-
deamus, eaque ipsa concludamus aliquando.

XXVII. Virtus, virtus, inquam, C. Fanni et tu, Q. Muci, et
conciliat amicitias et conservat. In ea est enim convenientia

dans votre esprit. Il n'est pas toujours facile à reconnaître ; car souvent il contredit pour mieux approuver, et, pour flatter plus sûre-
ment, il combat votre opinion, jusqu'à ce qu'enfin il rende les armes
et s'avoue vaincu, laissant à sa dupe l'honneur d'un vain triomphe.
Or qu'y a-t-il de plus honteux que d'être ainsi joué? Prenons donc
garde qu'on ne dise de nous, comme dans l'Épiclérus : « Vous avez
aujourd'hui berné devant moi d'une belle façon tous ces stupides
vieillards, plastrons de comédie. »

100. Car, même dans les pièces de théâtre, les vieillards crédules
et imprévoyants jouent toujours un personnage fort ridicule. Mais
je ne sais comment des amitiés des hommes parfaits, c'est-à-dire des
sages (je parle de cette sagesse que comporte notre nature), notre
entretien est descendu aux amitiés vulgaires et superficielles. Reve-
nons aux premières, et terminons enfin ce discours.

XXVII. La vertu, la vertu, je vous le répète, Fannius, et vous,
Scévola, voilà ce qui forme les amitiés et ce qui les conserve. En elle
on trouve l'harmonie, la stabilité, la constance; dès qu'elle s'est

rerum, in ea stabilitas, in ea constantia : quæ quum se extulit et ostendit lumen suum, et idem adspexit agnovitque in alio, ad id se admovet, vicissimque accipit illud, quod in altero est : ex quo exardescit sive amor, sive amicitia. Utrumque enim dictum est ab amando. Amare autem nihil aliud est, nisi eum ipsum diligere, quem ames, nulla indigentia, nulla utilitate quæsita.

101. Quæ tamen ipsa efflorescit ex amicitia, etiamsi tu eam minus secutus sis. Hac nos adolescentes benevolentia senes illos L. Paullum [1], M. Catonem, C. Gallum, P. Nasicam, Tib. Gracchum, Scipionis nostri socerum, dileximus. Hæc etiam magis elucet inter æquales, ut inter me et Scipionem, L. Furium, P. Rupilium, Sp. Mummium. Vicissim autem senes in adolescentium caritate acquiescimus, ut in vestra, ut in Q. Tuberonis, equidem etiam admodum adolescentis, P. Rutilii, A. Virginii familiaritate delector. Quoniamque ita ratio comparata

montrée et qu'elle a fait briller sa lumière ; dès qu'elle a aperçu et qu'elle a reconnu dans un autre cette même lumière, elle s'en approche aussitôt : alors les deux lumières se confondent, et à ce foyer commun les âmes s'enflamment ou d'amour ou d'amitié. Car ces deux sentiments sont deux façons d'aimer. Or aimer, c'est chérir celui qu'on aime, sans calcul et sans intérêt.

101. Cependant l'utilité est un fruit qu'on retire de l'amitié, bien qu'on ne l'y ait pas cherchée. C'est avec de tels sentiments que, dans ma jeunesse, j'aimais tous ces illustres vieillards, L. Paullus, M. Caton, C. Gallus, P. Nasica, Tib. Gracchus, beau-père de notre cher Scipion. Mais l'amitié brille d'un plus vif éclat entre gens du même âge, comme entre Scipion, L. Furius, P. Rupilius, Sp. Mummius et moi. A présent que je suis vieux, je me repose à mon tour dans l'affection des jeunes gens, dans la vôtre, par exemple, et dans celle de Q. Tubéron ; je me plais encore dans la société de P. Rutilius, malgré son extrême jeunesse, et dans celle d'A. Virginius. Puisque

est vitæ naturæque nostræ, ut alia ætas oriatur ex alia : maxime quidem optandum est, ut cum æqualibus possis, quibuscum tanquam o carceribus emissus sis, cum eisdem ad calcem, ut dicitur, pervenire.

102. Sed quoniam res humanæ fragiles caducæque sunt, semper aliqui anquirendi sunt, quos diligamus et a quibus diligamur. Caritate enim benevolentiaque sublata, omnis est e vita sublata jucunditas. Mihi quidem Scipio, quanquam est subito ereptus, vivit tamen semperque vivet : virtutem enim amavi illius viri, quæ exstincta non est. Nec mihi soli versatur ante oculos, qui illam semper in manibus habui, sed etiam posteris erit clara et insignis. Nemo unquam animo aut spe majora suscipiet, qui sibi non illius memoriam atque imaginem proponendam putet.

telle est la loi de la nature et la règle de notre vie, qu'un âge soit remplacé par un autre âge, ce qu'il y a de plus désirable, c'est de pouvoir passer toute sa vie avec ceux de son âge, et, pour me servir de cette image, après être entrés ensemble dans la carrière, de parvenir ensemble à la borne dernière.

102. Mais comme les choses humaines sont fragiles et périssables, il nous faut toujours trouver des amis que nous chérissions et qui nous chérissent. Otez de la vie la bienveillance et l'affection, vous ôtez tout ce qui en fait le charme. Scipion, malgré le coup qui nous l'a si subitement enlevé, vit cependant et vivra toujours pour moi : car ce que j'ai aimé dans ce grand homme, c'est sa vertu, qui n'a point péri. Elle ne brille pas seulement pour moi, qui en ai joui sans cesse; son éclat subsistera encore dans la postérité. Jamais personne ne formera de grands desseins ou de grandes espérances sans se rappeler le nom de Scipion, et sans avoir son image devant les yeux.

103. Equidem ex omnibus rebus, quas mihi aut fortuna aut natura tribuit, nihil habeo, quod cum amicitia Scipionis possim comparare. In hac mihi de republica consensus, in hac rerum privatarum consilium; in eadem requies plena oblectationis fuit. Nunquam illum ne minima quidem re offendi, quod quidem senserim; nihil audivi ex eo ipso, quod nollem. Una domus [erat], idem victus, isque communis; neque solum militia, sed etiam peregrinationes rusticationesque communes.

104. Nam quid ego de studiis dicam cognoscendi semper aliquid atque discendi? in quibus remoti ab oculis populi omne otiosum tempus contrivimus. Quarum rerum recordatio et memoria si una cum illo occidisset, desiderium conjunctissimi atque amantissimi viri ferre nullo modo possem. Sed nec illa exstincta sunt, aluntur potius et augentur cogitatione et me-

103 De tous les biens que j'ai reçus de la fortune ou de la nature, il n'en est pas un que je puisse comparer à l'amitié de Scipion. J'y ai trouvé un accord parfait sur la chose publique, d'excellents conseils pour mes intérêts privés, un repos tout plein de charmes. Jamais, que je sache, je ne l'ai offensé en la moindre chose; jamais je ne lui ai rien entendu dire que je voulusse n'avoir pas entendu. Nous avions même maison, même nourriture, même table; à la guerre, en voyage, à la campagne, nous étions toujours ensemble.

104. Parlerai-je de notre ardeur à apprendre toujours quelque chose de nouveau? de ces études dans lesquelles, loin des regards du public, nous passâmes tous nos moments de loisir? Si tous ces souvenirs avaient péri avec Scipion, il m'eût été tout à fait impossible de supporter la perte d'un ami si tendre et si cher. Mais ils n'ont point péri; au contraire, je les nourris et les augmente tous les jours à force d'y penser; cependant, si j'en avais été complète-

moria : et, si illis plane orbatus essem, magnum tamen afferret mihi ætas ipsa solatium ; diutius enim jam in hoc desiderio esse non possum. Omnia autem brevia tolerabilia esse debent, etiam si magna sunt.

Hæc habui, de amicitia quæ dicerem. Vos autem hortor, ut ita virtutem locetis, sine qua amicitia esse non potest, ut, ea excepta, nihil amicitia præstabilius putetis.

ment privé, j'aurais trouvé une grande consolation dans mon âge, qui ne m'eût point permis de longs regrets. Or, tout mal qui dure peu, quelque violent qu'il soit, peut être supporté.

Voilà ce que j'avais à vous dire sur l'amitié. Je vous exhorte encore à mettre en si haute estime la vertu, sans laquelle l'amitié ne peut exister, qu'elle seule exceptée, vous ne trouviez rien de préférable à l'amitié.

NOTICE

DE

LIVRES CLASSIQUES

A L'USAGE

1° DE L'ENSEIGNEMENT SECONDAIRE CLASSIQUE

(LYCÉES, COLLÈGES, SÉMINAIRES, INSTITUTIONS ET PENSIONS)

2° DE L'ENSEIGNEMENT SUPÉRIEUR

PARIS

LIBRAIRIE HACHETTE ET Cie

79, BOULEVARD SAINT-GERMAIN, 79

Novembre 1892

TABLES DES MATIÈRES

On adressera franco aux personnes qui en feront la demande :

Le catalogue des livres d'éducation et d'enseignement;

Le catalogue des livres de littérature générale et de connaissances utiles;

Le catalogue des livres reliés pour les distributions de prix;

Le catalogue des livres à l'usage des bibliothèques populaires;

Le catalogue des livres pour étrennes;

Le catalogue des livres espagnols;

Le catalogue des fournitures de classes;

Le catalogue du matériel nécessaire pour l'enseignement pratique des sciences.

1° PÉDAGOGIE

Bigot (Ch.), *Questions d'enseignement secondaire.* 1 vol. in-16 br.   3 fr. 50

Bréal (Michel), inspecteur général de l'instruction publique. *Quelques mots sur l'instruction publique en France.* 1 vol. in-16, broché.   3 fr. 50

— *Excursions pédagogiques* en Allemagne, en Belgique et en France. 1 vol. in-16, broché.   3 fr. 50

— *De l'enseignement des langues anciennes.* 1 vol. in-16, broché.   2 fr.

— *Réforme de l'orthographe française.* 1 vol. in-16, broché.   1 fr.

Compayré. *Histoire critique des doctrines de l'éducation en France depuis le XVIe siècle.* 2 vol. in-16, brochés. 7 fr.

— *Études sur l'enseignement et sur l'éducation.* 1 vol. in-16, broché.   3 fr. 50

Ferneuil. *La réforme de l'enseignement en France.* 1 vol. in-16, br.   3 fr. 50

Fouillée (A.), ancien maître de conférences à l'École normale supérieure. *L'enseignement au point de vue national.* 1 vol. in-16, broché.   3 fr. 50

Gréard (O), vice-recteur à l'Académie de Paris. *Éducation et instruction.* 3 vol. in-16, brochés :

— *Enseignement secondaire.* 2 vol.   7 fr.

— *Enseignement supérieur.* 1 vol. 3 fr. 50
Chaque ouvrage se vend séparément.

Martin. *L'éducation du caractère.* 1 vol. in-16, broché.   3 fr. 50

Rochard (Dr Jules). *L'éducation de nos fils.* 1 vol in-16, broché.   3 fr. 50

— *L'éducation de nos filles.* 1 vol. in-16, broché.   3 fr. 50

2° PROGRAMMES ET MANUELS POUR DIVERS EXAMENS

Livret scolaire à l'usage de l'enseignement secondaire classique, in-4°, cartonné toile.   60 c.

Livret scolaire à l'usage de l'enseignement secondaire moderne, in-4°, cartonné toile.   60 c.
Ces livrets existent soit pour les lycées et collèges, soit pour les établissements libres.

Mémento du baccalauréat de l'enseignement secondaire classique. Édition entièrement refondue et rédigée conformément au programme du 8 août 1890.

PREMIÈRE PARTIE

Littérature, comprenant : Conseils sur les épreuves écrites ; — Notices sur les auteurs et les ouvrages grecs, latins, français, allemands et anglais, indiqués pour l'explication orale ; — Notions de Rhétorique et de Littérature classique, par M. Albert Le Roy. 1 vol. petit in-16 cartonné.   5 fr.

Histoire et Géographie, comprenant : l'Histoire de l'Europe et de la France de 1610 à 1789 et la Géographie de la France (classe de Rhétorique), par MM. G. Ducoudray et Poux. 1 vol. petit in-16 cartonné.   3 fr. 50

Partie scientifique, comprenant : des notions d'Arithmétique (Troisième), d'Algèbre (Troisième et Seconde), de Géométrie (Quatrième, Troisième et Seconde) et de Cosmographie (Rhé-torique), par MM. Bos et Barré. 1 vol. petit in-16 cartonné.   2 fr.

SECONDE PARTIE

PREMIÈRE SÉRIE

Philosophie, comprenant : Conseils sur la composition de philosophie, Histoire de la Philosophie, Auteurs de Philosophie, Histoire contemporaine 1789-1889, par MM. R. Thamin et G. Ducoudray, 1 vol. petit in-16, cartonné   5 fr.

Sciences, comprenant : Éléments de Physique, de Chimie et d'Histoire naturelle, par M. Banet-Rivet, professeur au lycée Charlemagne, 1 vol. petit in-16, cartonné.   2 fr.

DEUXIÈME SÉRIE

Mathématiques, comprenant : l'Arithmétique, l'Algèbre, la Géométrie, la Géométrie descriptive, la Trigonométrie et la Mécanique, par MM. Bos, Bezodis, Pichot et Mascart, agrégés de l'Université. 1 vol. petit in-16, cartonné,   5 fr.

Physique et Chimie, par M. Banet-Rivet, 1 vol. petit in-16, cart. 3 fr. 50

Histoire et Philosophie, comprenant l'Histoire contemporaine (1789 à 1889) des éléments de Philosophie scientifique et morale, par MM. G. Ducoudray et B. Worms. 1 vol. petit in-16, cartonné,   2 fr.

Mémento du baccalauréat ès lettres. Edition conforme aux programmes de 1895. 4 vol. in-16, cartonnés
PREMIER EXAMEN, *partie littéraire.*
1 vol. 5 fr.
PREMIER EXAMEN, *partie historique et géographique.* 1 volume. 5 fr.
DEUXIÈME EXAMEN, *partie philosophique et historique.* 1 volume. 5 fr.
DEUXIÈME EXAMEN, *partie scientifique.*
1 volume. 5 fr.

Plan d'études et programmes de l'enseignement secondaire classique dans les lycées et collèges. Brochure in-16. 1 fr. 25

Plan d'études et programmes de l'enseignement secondaire moderne, arrêtés le 15 juin 1891. Brochure in-16. 1 fr. 25

Plan d'études et programmes de l'enseignement secondaire des jeunes filles, arrêtés le 28 juillet 1882. Brochure in-16. 1 fr.

Programme des examens du baccalauréat de l'enseignement secondaire classique. In-16. 30 c.

Programme de l'examen du baccalauréat de l'enseignement secondaire moderne (1891). In-16. 30 c.

Programme pour l'admission à l'Ecole polytechnique. In-16. 20 c.

Programme des conditions d'admission à l'Ecole navale. Brochure in-16. 30 c.

3° ÉTUDE DE LA LANGUE FRANÇAISE

Albert (Paul), ancien professeur au Collège de France. *La poésie,* études sur les chefs-d'œuvre des poètes de tous les temps et de tous les pays. 1 vol. in-16, broché. 3 fr. 50
— *La prose,* études sur les chefs-d'œuvre des prosateurs de tous les temps et de tous les pays. 1 vol. in-16, br. 3 fr. 50
— *La littérature française,* des origines à la fin du XVIe siècle. 1 vol. in-16, br. 3 fr. 50
— *La littérature française au XVIIe siècle.* 1 vol. in-16 broché. 3 fr. 50
— *La littérature française au XVIIIe siècle.* 1 vol. in-16, broché. 7 fr.
— *La littérature française au XIXe siècle.* 2 vol. in-16, brochés. 7 fr.
— *Variétés.* 1 vol. in-16, broché. 3 fr. 50

Barrau. *Méthode de composition et de style,* ou principe de l'art d'écrire en français, suivi d'un choix de modèles. 1 vol. in-16, cartonné. 2 fr. 75
— *Exercices de composition et de style,* ou sujets de descriptions, de narrations, de dialogues et de discours. 1 vol. in-16, broché. 2 fr.

Berthet (J.), professeur de rhétorique au Prytanée militaire : *La composition française à l'examen de Saint-Cyr.* 1 vol. in-16, broché. 2 fr.

Bigot. *Lectures choisies de français moderne.* 1 vol. in-16, cart. toile. 1 fr. 50

Brachet (Auguste), lauréat de l'Académie française. *Nouvelle grammaire française,* fondée sur l'histoire de la langue. 1 vol. in-16, cartonné. 1 fr. 50

Brachet (suite). *Exercices sur la nouvelle grammaire française,* par M. Dussouchet, agrégé de grammaire :
Livre de l'élève. 1 v. in-16, cart. 1 fr. 50.
Livre du maître. 1 v. in-16, cart. 2 fr.
— *Petite grammaire française.* 1 vol. in-16, cartonné. 80 c.
— *Exercices sur la petite grammaire française,* par M. Dussouchet :
Livre de l'élève. 1 vol. in-16, cart. 80 c.
Livre du maître. 1 vol. in-16, cart. 1 fr.
Voir Morceaux choisis des écrivains français du XVIe siècle.

Brachet (A.) et **Dussouchet,** professeur au lycée Henri IV : *Cours de grammaire française,* rédigé conformément au programme de 1885, à l'usage de l'enseignement secondaire. 8 vol. in-16, cartonnage toile.

Cours élémentaire.

Grammaire française à l'usage des classes élémentaires, comprenant de nombreux sujets d'exercices oraux et écrits. livre de l'élève. 1 vol. 1 fr. 20
Exercices complémentaires comprenant le corrigé des exercices du livre de l'élève, des questionnaires, une liste des homonymes, un lexique explicatif et des exercices complémentaires, avec corrigés; à l'usage des professeurs. 1 vol. 2 fr. 50

Cours moyen.

Grammaire française à l'usage des classes de 6e et de 5e. 1 vol. 1 fr. 20

Exercices sur le Cours moyen de grammaire française à l'usage des élèves.
1 vol. 1 fr.

Exercices complémentaires comprenant le corrigé des exercices du livre de l'élève et des exercices complémentaires avec corrigés; à l'usage des professeurs. 1 vol. 2 fr. 75

Cours supérieur.

Grammaire française à l'usage de la classe de Quatrième et des classes supérieures. 1 vol. 2 fr. 50

Exercices étymologiques. 1 vol. 1 fr.
Corrigé des Exercices étymologiques. 1 vol. 2 fr.

Cahen (A.), professeur de rhétorique au collège de Rollin : *Morceaux choisis des auteurs français*, prose et vers, publiés conformes au programme du 28 janvier 1890, à l'usage de l'enseignement secondaire classique, avec des notices et des notes, 8 vol. in-16, cartonnage toile :
Classe de Huitième. 1 vol. » »
Classe de Septième. 1 vol. » »
Classe de Sixième. 1 vol. 2 fr. »
Classe de Cinquième. 1 vol. 2 fr. 50
Classe de Quatrième. 1 vol. 3 fr.
Classes de Troisième, Seconde et Rhétorique. 2 vol. Prose, 1 vol. 4 fr.
Poésie, 1 vol. 3 fr. 50

Chassang, ancien inspecteur général de l'instruction publique. *Modèles de composition française*, empruntés aux écrivains classiques, à l'usage des classes supérieures et des aspirants au baccalauréat. 1 vol. in-16, cart. 2 fr.

Classiques français. Nouvelle collection format petit in-16, publié avec des notices, des arguments analytiques et des notes, par les auteurs dont les noms sont indiqués entre parenthèses.
Ces éditions se recommandent par la pureté du texte, la concision des notes, la commodité du format, l'élégance et la solidité du cartonnage.
Boileau : L'art poétique (Geruzez). 40 c.
— Œuvres poétiques (Geruzez). 1 fr. 50
Bossuet : Sermons choisis (Rébelliau).
Prix : 3 fr.
Buffon : Morceaux choisis (E. Dupré).
Prix : 1 fr. 50
— Discours sur le style. 30 c.
Chanson de Roland. Extraits (G. Paris).
Prix : 1 fr. 50

Choix de lettres du XVII⁰ *siècle* (Lanson).
Prix : 2 fr. 50
Choix de lettres du XVIII⁰ *siècle* (Lanson).
Prix : 2 fr. 50
Corneille : Le Cid (Petit de Julleville).
Prix : 1 fr.
— Cinna (Petit de Julleville). 1 fr.
— Horace (Petit de Julleville). 1 fr.
— Nicomède (Petit de Julleville). 1 fr.
— Le Menteur (Lavigne). 1 fr.
— Polyeucte (Petit de Julleville). 1 fr.
Extraits des chroniqueurs (Paris et Jeanroy). 2 fr. 50
Fénelon : Fables (A. Regnier). 75 c.
— Sermon pour la fête de l'Epiphanie (G. Merlet). 60 c.
— Télémaque (Chassang). 1 fr. 80
Florian : Fables (Geruzez). 75 c.
Joinville : Histoire de saint Louis (Natalis de Wailly). 2 fr.
La Bruyère : Caractères (G. Servois et Rébelliau). 2 fr. 50
La Fontaine : Fables (Thirion). 1 fr. 60
Lamartine : Morceaux choisis. 2 fr.
Molière : L'Avare (Lavigne). 1 fr.
— Le Misanthrope (Lavigne). 1 fr.
— Le Tartufe (Lavigne). 1 fr.
Pascal : Provinciales I, IV, XIII (Brunetière). 1 fr. 50
Racine : Andromaque (Lavigne). 75 c.
— Britannicus (Lanson). 1 fr.
— Esther (Lanson). 1 fr.
— Iphigénie (Lanson). 1 fr.
— Les plaideurs (Lavigne). 75 c.
— Mithridate (Lanson). 1 fr.
Rousseau : Extraits en prose (Brunel).
Prix : 2 fr.
Sévigné : Lettres choisies (Ad. Regnier).
Prix : 1 fr. 80
Théâtre classique (Ad. Regnier). 3 fr.
Voltaire : Charles XII (Waddington).
Prix : 2 fr.
— Siècle de Louis XIV (Bourgeois).
Prix : 2 fr. 75
— Extraits en prose (Brunel). 2 fr.
— Choix de lettres (Brunel). 2 fr. 25
D'autres volumes sont en préparation.

Classiques français, format in-16. Editions annotées par les auteurs dont les noms sont indiqués entre parenthèses.
Bossuet : Discours sur l'histoire universelle (Olleris). 2 fr. 50
— Oraisons funèbres (Aubert). 1 fr. 60
Corneille : Théâtre choisi (Geruzez).
Prix : 2 fr. 50

Fénelon : Dialogues des morts (B. Jullien).   1 fr. 60
— Dialogues sur l'éloquence (Delzons). Prix :   80 c.
— Opuscules académiques.   80 c.
Massillon : Carême (Colincamp). 1 fr. 25
Montesquieu : Grandeur et décadence des Romains (C. Aubert).   1 fr. 25
Racine : Théâtre choisi (E. Geruzez). Prix :   2 fr. 50
Rousseau (J.-B.) : Œuvres lyriques (Geruzez).   1 fr. 50
Voltaire : Théâtre choisi (Geruzez). Prix :   2 fr. 50

Delon. *La grammaire française d'après l'histoire.* 1 volume in-16, cartonnage toile.   3 fr.

Demogeot, agrégé de la Faculté des lettres de Paris. *Histoire de la littérature française depuis ses origines jusqu'à nos jours.* 1 vol. in-16, broché.   4 fr.
— *Textes classiques de la littérature française,* extraits des grands écrivains français, avec notices, appréciations et notes; recueil servant de complément à l'*Histoire de la littérature française.* Nouvelle édition, revue et augmentée. 2 vol. in-16, cartonnés.   6 fr.
     I. *Moyen âge,* xvi⁰ et xvii⁰ *siècles.* 3 fr.
     II. xviii⁰ et xix⁰ *siècles.*   3 fr.

Filon (A.). *Éléments de rhétorique française.* 1 vol. in-16, cartonné.   2 fr. 50
— *Nouvelles narrations françaises,* avec des arguments, à l'usage des candidats au baccalauréat. In-16, broché.   3 fr. 50

Labbé, professeur au collège Rollin, *Morceaux choisis des classiques français* (prose et vers), 3 vol. in-16, cart. :
     Cours élémentaire. 1 vol.   1 fr.
     Cours moyen. 1 vol.   1 fr. 50
     Cours supérieur. 1 vol.   2 fr. 50

Lafaye. *Dictionnaire des synonymes de la langue française.* 4⁰ édition, suivie d'un supplément. 1 vol. gr. in-8, broché. 23 fr.
Le cartonnage en percaline gaufrée se paye en sus 2 fr. 75 c.; la demi-reliure en chagrin, 4 fr. 50.

Lanson, professeur de rhétorique au lycée Charlemagne: *Conseils sur l'art d'écrire.* Principes de composition et de style à l'usage des élèves des lycées et collèges et des candidats au baccalauréat. 1 vol. in-16, cart. toile.   2 fr. 50

Lanson (suite). *Études pratiques de composition française,* sujets préparés et commentés pour servir de compléments aux *Conseils sur l'art d'écrire.* 1 vol. in-16, cartonnage toile.   2 fr.

Lehugeur (A.). *La chanson de Roland,* traduite en vers modernes, avec le texte ancien. 1 vol. in-16, broché.   3 fr. 50

Littré. *Dictionnaire de la langue française,* contenant la nomenclature la plus étendue, la prononciation et les difficultés grammaticales, la signification des mots avec de nombreux exemples et les synonymes, l'histoire des mots depuis les premiers temps de la langue française jusqu'au xvi⁰ siècle, et l'étymologie comparée et augmentée d'un *Supplément.* 5 vol. gr. in-4 à 3 colonnes, broché.   112 fr.
La reliure en demi-chagrin se paye en sus 24 fr.

Littré et Beaujean, ancien inspecteur de l'Académie de Paris. *Abrégé du Dictionnaire de la langue française de Littré,* contenant tous les mots qui se trouvent dans le dictionnaire de l'Académie française, plus un grand nombre de néologismes et de termes de science et d'art; 9⁰ édit. entièrement refondue et conforme, pour l'orthographe, à la dernière édition du dictionnaire de l'Académie française. 1 vol. grand in-8, broché.   13 fr.
Cartonnage toile.   14 fr 50
Relié en demi-chagrin.   17 fr.

— *Petit dictionnaire universel,* ou Abrégé du dictionnaire de la langue française de Littré, avec une partie mythologique, historique, biographique et géographique, fondue alphabétiquement avec la partie française; 8⁰ édition. 1 vol. grand in-16, cartonné.   2 fr. 50

Marais. *Recueil de compositions françaises.* Lettres, récits, discours, dissertations, sujets et développements, à l'usage des candidats au baccalauréat et à l'école de Saint-Cyr. 1 volume in-16, broché.   1 fr. 50

Merlet, ancien professeur de rhétorique au lycée Louis-le-Grand. *Études littéraires sur les classiques français des classes supérieures et du baccalauréat.* Nouvelle édition conforme aux programmes de 1885. 2 vol. in-16, brochés.   8 fr.
     I. Corneille. — Racine. — Molière, 1 vol.   4 fr.

II. Chanson de Roland. — Joinville. — Montaigne. — Pascal. — La Fontaine. — Boileau. — Montesquieu. — La Bruyère. — Bossuet. — Fénelon. — Voltaire. — Buffon. 1 vol.   4 fr.
— *Supplément aux études littéraires* de M. G. Merlet, comprenant Villehardouin, Froissart, Commines; celles des xviie et xviiie siècles, Voltaire et Rousseau, par M. Lintilhac, professeur au lycée Louis-le-Grand. 1 vol. in-16, broché.   2 fr.

Méthode uniforme pour l'enseignement des langues, par M. E. Sommer.
Abrégé de grammaire française. 1 vol. in-16, cartonné.   75 c.
Exercices sur l'Abrégé de grammaire française. 1 vol. in-16, cart.   75 c.
Corrigé desdits exercices. In-16, br. 1 fr.
Cours complet de grammaire française, 1 vol. in-8, cartonné.   1 fr. 50
Exercices sur le Cours complet de grammaire française. In-8, cart.   1 fr. 50
Voir pages 18 et 23, pour les *langues latine et grecque.*

Morceaux choisis des grands écrivains français du seizième siècle, accompagnés d'une grammaire et d'un dictionnaire de la langue du xvie siècle, par M. Aug. Brachet. 1 vol. in-16, cart. 3 fr. 50

Pellissier, professeur à Sainte-Barbe. *Morceaux choisis des classiques français,* en prose et en vers. Recueils composés à l'usage des classes de grammaire et d'humanité. 6 vol. in-16, cartonnés :
Classe de Sixième, 1 vol.   1 fr.
Classe de Cinquième, 1 vol.   1 fr.
Classe de Quatrième, 1 vol.   1 fr.
Classe de Troisième, 1 vol.   2 fr.
Classe de Seconde, 1 vol.   2 fr.
Classe de Rhétorique, 1 vol.   2 fr.
— *Premiers principes de style et de composition. (Abrégé de la rhétorique française.)* 1 vol. in-16, cartonné.   1 fr. 50
— *Sujets et modèles de compositions françaises,* destinés à servir d'application aux premiers principes de style, à l'usage des classes élémentaires. 1 vol. in-16, cartonné.   1 fr. 50
— *Principes de rhétorique française.* 1 vol. in-16, cartonné.   2 fr. 50
— *Sujets et modèles de compositions françaises,* destinés à servir d'application aux principes de rhétorique, à l'usage des classes supérieures et des candidats au baccalauréat. 1 v. in-16, cart.   2 fr. 50

Pellissier (suite). *Les grandes leçons de l'antiquité classique.* (Tableau des origines de la civilisation gréco-romaine), avec extraits. 1 vol. in-16, broché.   4 fr.
— *Les grandes leçons de l'antiquité chrétienne.* (Tableau des origines de la civilisation moderne.) 1 v. in-16, broché. 5 fr.

Pressard, professeur au lycée Louis-le-Grand. *Lectures littéraires et morales,* à l'usage des classes élémentaires. 1 vol. petit in-16, cartonné.   1 fr. 25

Quicherat (L.). *Petit traité de versification française.* In-16, cartonné.   1 fr.

Quinet (Edgar). *Pages choisies,* à l'usage des lycées et collèges. 1 vol. in-16, cartonné.   2 fr.

Sommer. *Petit dictionnaire des rimes françaises.* In-18, cart.   1 fr. 80
— *Petit dictionnaire des synonymes français.* 1 vol in-18, cart.   1 fr. 80
— *Manuel de l'art épistolaire.* 2 vol. gr. in-18, brochés.   3 fr. 25
— *Manuel de style,* ou préceptes et exercices sur l'art de composer et d'écrire en français. 2 vol. gr. in-18, brochés.   3 fr.
Voir *Méthode uniforme pour l'enseignement des langues,* page 6, 18, 23.

Soulice (Th.). *Petit dictionnaire de la langue française.* In-18, cart.   1 fr. 50

Soulice et Sardou. *Petit dictionnaire raisonné des difficultés et exceptions de la langue française.* In-18, cart.   2 fr.

Tridon Péronneau. *Recueil de compositions françaises.* 1 vol. in-16, br. 2 fr.
— *Nouveau Recueil de compositions françaises.* 1 vol. in-16, br.   1 fr.
— *Questions de littérature et d'histoire.* 1 vol. in-16.   2 fr.

Vapereau, inspecteur général honoraire de l'instruction publique. *Esquisse d'histoire de la littérature française.* 2e édition. 1 vol. in-16, cart. toile.   1 fr. 50
— *Éléments d'histoire de la littérature française,* contenant : 1° une esquisse générale; 2° une suite de notices sur les époques, les genres et les principaux écrivains, avec un choix d'extraits de leurs ouvrages. 3 vol. cartonnage toile.
Tome Ier : *Des origines au règne de Louis XIII.* 1 vol. in-16, cartonné. Prix :   3 fr. 50
Tome II : *Règnes de Louis XIII et de Louis XIV.* 1 vol.   3 fr. 50
Tome III (en préparation).

4° HISTOIRE, CHRONOLOGIE, MYTHOLOGIE

Berthelot (A.), maître de conférences à l'École des Hautes-Etudes. *Les grandes scènes de l'histoire grecque,* morceaux choisis des auteurs anciens et modernes. 1 vol. in-16 avec figures, cartonnage toile.   **2 fr. 50**

· **Bouillet.** *Dictionnaire universel d'histoire et de géographie.* Édition entièrement refondue. 1 vol. gr. in-8, br.   21 fr. Le cartonnage se paye en sus 2 fr. 75.

Ducoudray agrégé d'histoire. *Histoire contemporaine, de 1789 à 1891,* à l'usage de la classe de Philosophie. 1 fort vol. in-16, avec cartes, cartonnage toile.   6 fr.
— *Histoire de la civilisation.* 1 fort vol. in-16, broché.   **7 fr. 50**

Duruy (V.), *Cours d'histoire,* nouvelle édition, refondue conformément aux programmes du 28 janvier 1890, sous la direction de M. E. Lavisse, professeur à la Faculté des lettres de Paris. 5 vol. in-16, avec gravures et cartes, cartonnage toile :
Classe de Cinquième : *Histoire grecque.* 1 vol.   **3 fr. 50**
Classe de Quatrième : *Histoire romaine.* 1 vol.   **4 fr.**
Classe de Troisième : *Histoire de l'Europe et de la France jusqu'en 1270.* 1 vol.   **4 fr. 50**
Classe de Seconde : *Histoire de l'Europe et de la France, de 1270 à 1610.* 1 vol.   **5 fr.**
Classe de Rhétorique : *Histoire de l'Europe et de la France, de 1610 à 1789.* 1 vol.   **5 fr.**
— *Histoire ancienne des peuples de l'Orient,* classe de Sixième. 1 vol. in-16, cartonné.   **3 fr. 50**
— *Petit cours d'histoire universelle.* Nouvelle édition avec des cartes et des gravures. Format in-16, cartonné :
Petite histoire ancienne.   **1 fr.**
Petite histoire grecque.   **1 fr.**
Petite histoire romaine.   **1 fr.**
Petite histoire du moyen âge.   **1 fr.**
Petite histoire moderne.   **1 fr.**
Petite histoire de France.   **1 fr.**
Petite histoire générale.   **1 fr.**
— *Petite histoire sainte.* In-18, cart. 80 c.

Duruy (suite). *Histoire des Grecs,* depuis les temps les plus reculés jusqu'à la réduction de la Grèce en province romaine. 2 vol. in-8, brochés.   **12 fr.**
— *Histoire des Romains,* depuis les temps les plus reculés jusqu'à Dioclétien. 7 vol. in-8, brochés.   **52 fr. 50**

Duruy (G.), professeur au lycée Henri IV. *Biographies d'hommes célèbres,* rédigées conformément aux programmes de 1885, à l'usage de la classe Préparatoire. 1 vol. in-16, avec gravures, cart.   1 fr.
— *Histoire sommaire de la France, depuis l'origine jusqu'à la mort de Louis XI,* conforme au programme de 1890, pour la classe de Huitième. 1 vol. in-16, avec cartes et gravures, cartonné.   1 fr.
— *Histoire sommaire de la France, depuis la mort de Louis XI jusqu'à 1815,* conforme au programme de 1890, pour la classe de Septième 1 vol. in-16, avec cartes et gravures, cart.   **1 fr. 50**
Les deux parties réunies en un seul vol. cartonné.   **2 fr. 50**

Fustel de Coulanges. *La cité antique,* 1 vol. in-16, broché.   **3 fr. 50**

Gasquet, professeur à la Faculté des lettres de Clermont-Ferrand. *Précis des institutions politiques et sociales de l'ancienne France.* 2 vol. in-16, br. 8 fr.

Geruzez. *Petit cours de mythologie;* nouv. édit. avec 48 grav. In-16, cartonné.   **1 fr. 25**

Histoire universelle, publiée par une société de professeurs et de savants, sous la direction de M. V. Duruy. Format in-16, broché :

La terre et l'homme, par M. Maury. 6 fr.
Chronologie universelle, par M. Dreyss. 2 vol.   **12 fr.**
Histoire générale, par M. Duruy. 4 fr.
Histoire sainte d'après la Bible, par le même.   **3 fr.**
Histoire ancienne des peuples de l'Orient par M. Maspero.   **6 fr.**
Histoire grecque, par M. Duruy. 4 fr.
Histoire romaine, par le même. 4 fr.
Histoire du moyen âge, par le même. 4 fr.

Histoire des temps modernes, de 1453 jusqu'à 1789, par le même. 1 fr.

Histoire de France, par le même. 2 volumes. 8 fr.

Histoire d'Angleterre, par M. Fleury. 4 fr.

Histoire d'Italie, par M. Zeller. 5 fr.

Histoire de Russie, par M. Rambaud. 6 fr.

Histoire de l'Autriche-Hongrie, par M. Louis Léger. 5 fr.

Histoire de l'empire Ottoman, par M. de la Jonquière. 6 fr.

Histoire de la littérature grecque, par M. Pierron. 4 fr.

Histoire de la littérature romaine, par le même. 4 fr.

Histoire de la littérature française, par M. Demogeot. 4 fr.

Histoire des littératures étrangères, par le même. 2 vol. 8 fr.

Histoire de la littérature anglaise, par M. Augustin Filon. 6 fr.

Histoire de la littérature italienne, par M. Etienne. 4 fr.

Histoire de la physique et de la chimie, par M. Hoefer. 4 fr.

Histoire de la botanique, de la minéralogie et de la géologie, par le même. 4 fr.

Histoire de la zoologie, par le même. 4 fr.

Histoire de l'astronomie, par le même. 4 fr.

Histoire des mathématiques, par le même. 4 fr.

Dictionnaire historique des institutions, mœurs et coutumes de la France, par M. Chéruel. 2 vol. 12 fr.

Joran, professeur d'histoire au collège Stanislas. *Programme développé d'histoire des temps modernes et d'histoire littéraire*, à l'usage des candidats à l'école spéciale milit. de St-Cyr. 1 v. in-16, br. 4 fr. 50

Jullian (C.), professeur à la Faculté des lettres de Bordeaux. *Gallia*. Tableau sommaire de la Gaule sous la domination romaine. 1 vol. in-16, cart. toile. 3 fr.

Lalanne (Ludovic). *Dictionnaire historique de la France*. 1 vol. gr. in-8, br. 21 fr.
Le cartonnage se paye en sus 2 fr. 75.

La Ville de Mirmont (H. de), maître de conférences à la Faculté des lettres de Bordeaux. *Mythologie élémentaire des Grecs et des Romains*, précédée d'un précis des mythologies orientales. 1 vol.

in-16 avec 45 figures d'après l'antique, cartonnage toile. 1 fr. 50

Lectures historiques, rédigées conformément au programme du 28 janvier 1890 à l'usage des lycées et collèges. 6 vol. in-16 avec gravures, cart. toile.

Histoire ancienne (Egypte, Assyrie), à l'usage de la classe de Sixième, par M. G. Maspero, membre de l'Institut, 1 vol. 5 fr.

Histoire grecque (Vie privée et vie publique des Grecs), à l'usage de la classe de Cinquième, par M. P. Guiraud, maître de conférences à l'Ecole normale supérieure. 1 vol. 5 fr.

Histoire romaine (Vie privée et vie publique des Romains), à l'usage de la classe de Quatrième, par le même, 1 vol. 5 fr.

Histoire du moyen âge, à l'usage de la classe de Troisième, par M. Ch.-V. Langlois, maître de conférences à la Faculté des lettres de Paris. 1 vol. 5 fr.

Histoire du moyen âge et des temps modernes à l'usage de la classe de Seconde, par M. Mariéjol, professeur à la Faculté des lettres de Rennes. 1 vol. 5 fr.

Histoire des temps modernes à l'usage de la classe de Rhétorique, par M. Lacour-Gayet, professeur au lycée Saint-Louis. 1 vol. 5 fr.

Lehugeur (Paul). *Sommaires d'histoire romaine*. 1 vol. in-16, cart. toile. 1 fr. 50

Luchaire, professeur à la Faculté des lettres de Paris. *Manuel des Institutions françaises* (Période des Capétiens directs). 1 vol. in-8, broché. 15 fr.

Maspero, membre de l'Institut. *Histoire de l'Orient* (Egypte, Chaldéens et Assyriens, les Israélites et les Phéniciens, les Mèdes et les Perses), ouvrage rédigé conformément au programme du 28 janvier 1890, pour la classe de Sixième. 1 vol. in-16, illust. de 48 gr. et de 6 cart. en couleurs, cart. toile. 2 fr. 50

Van den Berg. *Petite histoire ancienne des peuples de l'Orient*. 1 vol. petit in-16, avec cartes et gravures, cart. 3 fr. 50

— *Petite histoire des Grecs*, 1 vol. petit in-16, avec 19 cartes et 85 gravures. cartonnage toile. 4 fr. 50

5° GÉOGRAPHIE

Atlas manuel de géographie moderne, composé de 54 cartes imprimées en couleur. 1 vol. in-folio, relié.   32 fr.

Cortambert. *Atlas :*

Atlas (petit) de géographie ancienne (16 cartes). Gr. in-8, cart.   2 fr. 50

Atlas (petit) de géographie du moyen âge (15 cartes). Gr. in-8 cart.   2 fr. 50

Atlas (petit) de géographie moderne (20 cartes). Gr. in-8, cart.   3 fr. 50

Atlas (petit) de géographie ancienne et moderne (40 cartes). Gr. in-8.   7 fr. 50

Atlas (petit) de géographie ancienne, du moyen âge et moderne (56 cartes). Gr. in-8, cart.   9 fr.

Atlas de géographie moderne (66 cartes in-4), relié en percaline.   12 fr.

Atlas (nouvel) de géographie ancienne, du moyen âge et moderne (100 cartes in-4), relié en percaline.   16 fr.

— *Nouveau Cours complet de géographie*, contenant les matières indiquées par les programmes de 1890, à l'usage des lycées et des collèges. 7 vol. in-16, cart., avec gravures dans le texte, et accompagnés d'atlas in-8 :

Géographie élémentaire des cinq parties du monde (classe de Huitième). 1 volume.   80 c.

Atlas correspondant (23 cartes). 1 volume.   3 fr. 50

Géographie élémentaire de la France (classe de Septième). 1 vol.   1 fr. 20

Atlas correspondant (14 cartes). 1 volume.   2 fr. 50

Géographie générale du monde et du bassin de la Méditerranée (classe de Sixième). 1 vol.   1 fr. 50

Atlas correspondant (33 cartes). 1 volume.   5 fr.

Géographie de la France (classe de Cinquième). 1 vol.   1 fr. 50

Atlas correspondant (41 cartes). 1 volume.   3 fr. 50

Géographie générale et géographie du continent américain (classe de Quatrième). 1 vol.   2 fr. 50

Atlas pour la classe de Quatrième (30 cartes). 1 vol.   5 f

Géographie de l'Afrique, de l'Asie de l'Océanie (classe de Troisième) 1 vol.   »

Atlas pour la classe de Troisième (32 cartes). 1 vol.   5 f

Géographie de l'Europe (classe de Seconde). 1 vol.   3 f

Atlas correspondant (22 cartes). 1 volume. Prix.   3 fr. 5

Géographie de la France (classe de Rhétorique). 1 vol.   3 f

Atlas correspondant (18 cartes). 1 volume. Prix.   3 fr. 5

— *Cours de géographie*, comprenant description physique et politique, et géographie historique des diverses contrées du globe. 1 vol. in-16, cart.   4 fr. 2

— *Petit cours de géographie moderne* 1 vol. in-16, cartonné.   1 fr. 5

Joanne (P.) *Géographies départementales de la France et de l'Algérie.* 87 in-16, cart.

La description de chaque département accompagnée d'une carte et de gravure et suivie d'un dictionnaire alphabétique des communes, se vend séparément. 1

Le département de la Seine.   1 fr. 8

L'Algérie, par M. Fillias.   1 fr. 8

Meissas et Michelot. *Atlas et cartes.*

PETITS ATLAS FORMAT IN-8°

A. *Atlas élémentaire de géographie moderne* (8 cartes écrites).   2 fr. 5

B. *Le même*, avec 8 cartes muettes (8 cartes), cartonné.   3 fr. 5

C. *Atlas universel de géographie moderne* (17 cartes écrites), cart.   5 f

D. *Le même*, avec 8 cartes muettes (25 cartes), cartonné.   6 f

E. *Atlas de géographie ancienne et moderne* (36 cartes écrites), cart.   9 f

F. *Le même*, avec 8 cartes muettes (44 cartes), cartonné.   10 f

G. *Atlas universel de géographie ancienne, du moyen âge et moderne et de géographie sacrée* (54 cartes écrites), cartonné.   **14 fr.**

H. *Le même*, avec 8 cartes muettes (62 cartes), cartonné.   **15 fr.**

Atlas de géographie ancienne (19 cartes écrites), cartonné.   **5 fr.**

Atlas de géographie du moyen âge (10 cartes écrites), cart.   **3 fr. 50**

Atlas de géographie sacrée (8 cartes écrites), cartonné.   **2 fr.**

Chacune des cartes écrites séparément.   **35 c.**

GRANDS ATLAS FORMAT IN-FOLIO.

A. *Atlas élémentaire* (8 cartes écrites). **6 fr.**

B. *Le même*, avec 8 cartes muettes (16 cartes), cartonné.   **11 fr. 50**

C. *Atlas universel* (12 cartes écrites) cartonné.   **10 fr. 50**

D. *Le même*, avec 9 cartes muettes (20 cartes), cartonné.   **15 fr.**

E. *Atlas universel* (19 cartes écrites). **15 fr.**

Chaque carte séparément.   **1 fr.**

GRANDES CARTES MURALES.

Chaque carte murale est accompagnée d'un questionnaire qui est donné gratuitement aux acquéreurs de la carte à laquelle il se réfère. Chaque questionnaire se vend en outre séparément 30 c.

Les cartes en 16 feuilles ont 1 m. 80 de hauteur sur 2 m. 30 de largeur. Celles en 20 feuilles ont 1 m. 80 de hauteur sur 2 m. 80 de largeur.

Le collage sur toile, avec gorge et rouleau, se paye en sus : 1° pour les cartes en 16 feuilles, 12 fr. ; 2° pour les cartes en 20 feuilles, 14 fr.

Géographie ancienne.

Empire romain écrit. 16 feuilles.   **10 fr.**

Géographie moderne.

Afrique écrite. 16 feuilles.   **10 fr.**

Amériques septentrionale et méridionale écrites. 20 feuilles.   **12 fr.**

Asie écrite. 16 feuilles.   **10 fr.**

Europe écrite. 16 feuilles.   **9 fr.**

France, Belgique et Suisse écrites. 16 feuilles.   **9 fr.**

Mappemonde écrite. 20 feuilles.   **12 fr.**

Mappemonde muette. 20 feuilles.   **10 fr.**

— *Nouvelles grandes cartes murales* indiquant le relief du terrain, tirées en couleur sur 12 feuilles jésus mesurant 2 mètres de haut sur 2 mètres 10 de large.

Le collage sur toile, avec gorge et rouleau, se paye en sus. 12 fr.

Europe écrite.   **15 fr.**

France muette ou écrite.   **15 fr.**

Il existe aussi une collection de *petites cartes murales*, dont le détail se trouve dans la *Notice des livres élémentaires*.

— *Géographie ancienne.* In-16.   **2 fr. 50**

— *Petite géographie ancienne.* In-18. **1 fr.**

— *Géographie sacrée.* In-18, cart. **1 fr. 25**

Reclus (Onésime). *Géographie :* la terre à vol d'oiseau. 2 vol. in-16, broché.   **10 fr.**

— *France, Algérie et colonies,* 1 vol. in-16, broché.   **5 fr. 50**

Schrader et Gallouédec, professeur d'histoire au lycée d'Orléans. *Nouveau cours de géographie* rédigé conformément aux programmes de 1890 pour l'Enseignement secondaire classique. 7 vol. in-16, avec gravures, cartes.

  Classe de Cinquième. 1 vol.   **3 fr.**

  Classe de Troisième.   1 vol. **3 fr. 50**

Les autres volumes sont en préparation.

Schrader et Prudent. *Grandes cartes murales.* Ces cartes sont imprimées en couleur et mesurent 1 mètre 60 sur 1 mètre 90. En vente :

  Amérique du Sud écrite ; — France politique écrite ; — France Physique.

Chaque carte en feuilles, 9 fr. ; collée sur toile avec œillets, 15 fr. ; collée sur toile avec gorge et rouleau, 16 fr.

Schrader, Prudent et Anthoine *Atlas de géographie moderne,* 64 cartes in-f° imprimées en couleurs et accompagnées d'un texte géographique, statistique et ethnographique, et d'un grand nombre de cartes de détail, figures, diagrammes, etc., relié.   **25 fr.**

— *Atlas à l'usage de l'enseignement secondaire classique.* Extraits de l'Atlas de géographie in-folio :

  Classe de Quatrième (16 cartes). **7 fr.**

  Classe de Troisième (19 cartes). **7 fr. 50**

  Classe de Seconde (18 cartes). **7 fr. 50**

  Classe de Rhétorique (11 cartes). **6 fr.**

— *Atlas de poche,* contenant 51 cartes en couleur, in-8, cart. toile. **3 fr. 50**

6° PHILOSOPHIE, DROIT, ÉCONOMIE POLITIQUE

AUTEURS FRANÇAIS

Condillac. *Traité des sensations*, livre I. Nouvelle édition, annotée par M. Charpentier, professeur de philosophie au lycée Louis-le-Grand. Petit in-16, br.　1 fr. 50

Descartes : *Discours de la méthode; première méditation.* Nouvelle édition classique, annotée par M. Charpentier. 1 vol. petit in-16, cart.　1 fr. 50
— *Les principes de la philosophie*, livre I. Nouvelle édition, annotée par le même auteur. 1 vol. petit in-16, br.　1 fr. 50

Leibniz : *Extraits de la Théodicée*, publiés et annotés par M. P. Janet, de l'Institut. 1 vol. petit in-16, cart. 2 fr. 50
— *Nouveaux essais sur l'entendement humain*, avant-propos et livre I, publié d'après les meilleurs manuscrits, avec des notes, par M. P. Lachelier, maître de conférences à la Faculté des lettres de Caen. 1 vol. petit in-16, cart.　1 fr. 75
— *La monadologie*, publiée d'après les manuscrits de la bibliothèque de Hanovre, avec notes, par le même. Pet. in-16 c. 1 fr.

Malebranche : *De la recherche de la vérité*, livre II, annoté par M. R. Thamin, maître de conférences à la Faculté des lettres de Lyon. Petit in-16, cart. 1 fr. 50

Pascal : *Opuscules philosophiques* publiés par M. Adam, chargé du cours de philosophie à la Faculté des lettres de Dijon. 1 vol. petit in-16, cart.　1 fr. 50

AUTEURS LATINS

Cicéron : *De natura Deorum*, livre II. Texte latin, annoté par M. Thiaucourt, maître de conférences à la Faculté des lettres de Nancy. 1 vol. petit in-16, cartonné.　1 fr. 50
Le même ouvrage, traduction française, de J.-V. Le Clerc, sans le texte latin. 1 vol. petit in-16, broché.　1 fr.
— *De officiis*, libri tres. Texte latin, annoté par M. H. Marchand. 1 v. in-16, cart. 1 fr.
Le même ouvrage, traduction française, par M. Sommer, sans le texte latin, 1 vol. in-16, broché.　1 fr. 50

Lucrèce : *De natura rerum*, livre V. Texte latin, annoté par MM. Benoist et Lantoine. 1 vol. petit in-16, cart.　90 c.
— *De la nature*, traduction française, par M. Patin. 1 vol. in-16, broché. 3 fr. 50

Sénèque : *Lettres à Lucilius* (les seize premières). Texte latin, annoté par M. Aubé, ancien professeur de philosophie au lycée Condorcet. 1 vol. petit in-16, cartonné.　75 c.
Le même ouvrage, traduction française par M. Baillard, sans le texte. 1 vol. in-16, broché.　1 fr.
— *Œuvres complètes*, traduites en français, avec des notes, par M. J. Baillard. 2 vol. in-16, brochés.　7 fr.

AUTEURS GRECS

Aristote : *Morale à Nicomaque*, livre X. Texte grec, annoté par M. Hannequin, professeur au lycée de Lyon. 1 vol. petit in-16, cartonné.　1 fr. 50
Le même ouvrage, traduction française de Fr. Thurot, avec une introduction et des notes, par Ch. Thurot. 1 vol petit in-16, broché.　75 c.

Épictète : *Manuel.* Texte grec, publié avec des notes et un vocabulaire, par M. Thurot. 1 vol. petit in-16, cart.　1 fr.
Le même ouvrage, traduction française, par M. Fr. Thurot, sans le texte grec. 1 vol. petit in-16, broché.　1 fr.

Platon : *République*, 6° livre. Texte grec, annoté par M. Aubé, ancien professeur de philosophie au lycée Condorcet. 1 vol. petit in-16, cartonné.　1 fr. 50
Le même ouvrage, traduction française, par M. Aubé. 1 v. petit in-16, br. 1 fr.
— *République*, 7° livre. Texte grec, annoté par M. Aubé. Petit in-16, cart. 1 fr. 50
Le même ouvrage, traduction française, par M. Aubé. 1 vol. p. in-16, br. 1 fr. 50
— *République*, 8° livre. Texte grec, précédé d'une notice sur la vie et les ouvrages de Platon, d'une introduction comprenant : 1° Objet de la République de Platon; 2° Analyse des dix livres de la République; 3° Étude sur le huitième livre de la République, et accompagnée de notes par M. Aubé. Petit in-16, cart.　1 fr. 50
Le même ouvrage, traduction française, par M. Aubé. 1 vol. petit in-16, br. 1 fr.

Xénophon : *Mémorables*, livre I. Texte grec, annoté par M. Lebègue, maître de conférences à l'École des Hautes Études. 1 vol. petit in-16, cartonné.　1 fr.
— *Entretiens mémorables de Socrate*, traduction française par M. Sommer, sans le texte. 1 vol. petit in-16, broché.　1 fr. 75

OUVRAGES DIVERS

Adam, professeur à la Faculté des lettres de Dijon. *Etude sur les principaux philosophes.* 1 vol. in-16, broché. 4 fr.

Bouillier, membre de l'Institut. *Du plaisir et de la douleur.* 1 vol. in-16. 3 fr. 50
— *La vraie conscience.* 1 v. in-16, br. 3 f. 50
— *Etudes familières de psychologie et de morale.* 2 vol. in-16, brochés. 7 fr.
Chaque volume se vend séparément.
— *Questions de morale pratique.* 1 vol. in-16, broché. 3 fr. 50

Caro, ancien professeur à la Faculté des lettres de Paris. *L'idée de Dieu et ses nouveaux critiques.* 1 vol. in-16, broché. 3 fr. 50
— *Le matérialisme et la science.* 1 volume in-16, broché. 3 fr. 50
— *Etudes morales sur le temps présent.* 2 vol. in-16, brochés. 7 fr.
— *Le pessimisme au* XIX* *siècle.* 1 vol. in-16, broché. 3 fr. 50
— *La philosophie de Gœthe.* In-16. 3 fr. 50
— *Problèmes de morale sociale.* 1 vol. in-16, broché. 3 fr. 50
— *Philosophie et philosophes.* 1 volume in-16. 3 fr. 50

Carrau, ancien maître de conférences à la Faculté des lettres de Paris. *Etude sur la théorie de l'évolution.* In-16, br. 3 fr. 50

Fouillée, maître de conférences à l'Ecole normale supérieure. *L'idée moderne du droit en Allemagne, en Angleterre et en France.* 1 vol. in-16, broché. 3 fr. 50
— *La science sociale contemporaine.* 1 vol. in-16, broché. 3 fr. 50
— *La philosophie de Platon.* 4 volumes in-16. 14 fr.

Franck, membre de l'Institut. *Dictionnaire des sciences philosophiques.* 1 fort vol. grand in-8, broché. 35 fr.
Le cartonnage se paye en sus 2 fr. 75.
— *Essais de critique philosophique.* 1 vol. in-16, broché. 3 fr. 50
— *La Kabbale,* 1 vol. in-8 br. 7 fr. 50

Jacques, Jules Simon et Saisset. *Manuel de philosophie.* 1 vol. in-8. 8 fr.

Joly, professeur à la Faculté des lettres de Paris. *Psychologie comparée : l'homme et l'animal.* 1 vol. in-16, br. 3 fr. 50
— *Psychologie des grands hommes.* 1 vol. in-16, broché. 3 fr. 50

Jouffroy (Th.). *Cours de droit naturel.* 2 vol. in-16, brochés. 7 fr.
— *Mélanges philosophiques.* 1 volume in-16, broché 3 fr. 50
— *Nouveaux mélanges philosophiques.* 1 volume in-16, broché. 3 fr. 50

Jourdain (C.). *Notions de philosophie,* comprenant des *notions d'économie politique.* 18* édition, refondue. 1 vol. in-16, broché. 5 fr.

Le Roy (Albert). *Sujets et développements de compositions françaises (dissertations philosophiques) données à la Sorbonne, de 1866 à 1883.* In-8, br. 5 fr.

Rabier (E.), professeur de philosophie au lycée Charlemagne, membre du Conseil supérieur de l'instruction publique. *Leçons de philosophie.* Nouveau cours, contenant les matières indiquées par les programmes de 1885. 3 vol. in-8, br :
Tome 1*. *Psychologie.* In-8. 7 fr. 50
Ouvrage couronné par l'Institut.
Tome II. *Logique.* 1 vol. 5 fr.
Tome III. *Morale et Métaphysique.* » »

Ravaisson. *La philosophie en France au* XIX* *siècle.* 1 vol. in-8, broché. 7 fr. 50

Simon (Jules) *La religion naturelle.* 1 vol. in-16, broché. 3 fr. 50
— *Le devoir.* 1 vol. in-16, br. 3 fr. 50
— *La liberté civile.* 1 vol. in-16. 3 fr. 50
— *La liberté politique.* In-16. 3 fr. 50
— *La liberté de conscience.* In-16. 3 fr. 50
— *L'école.* 1 vol. in-16, br. 3 fr. 50
— *L'ouvrière.* 1 vol. in-16, br. 3 fr. 50

Taine. *Les philosophes classiques du* XIX* *siècle en France.* In-16, br. 3 fr. 50
— *De l'intelligence.* 2 vol. in-16, br. 7 fr.

Tridon-Péronneau. *Recueil de dissertations philosophiques.* 1 v. in-16, br. 4 fr.

Vacherot (E.), membre de l'Institut. *Le nouveau spiritualisme.* 1 v. in-8. 7 fr. 50

Worms (R.), agrégé de philosophie : *Précis de philosophie,* rédigé conformément aux programmes officiels pour la classe de philosophie, d'après les *Leçons de philosophie* de M. Rabier, 1 vol. in-16, br. 4 fr.
— *Eléments de philosophie scientifique et de philosophie morale,* à l'usage des candidats aux Baccalauréats de Mathématique et de l'Enseignement moderne, 1 vol. in-16, br. 1 fr. 50
— *La morale de Spinoza.* 1 v. in-16. 3 f. 50
Ouvrage couronné par l'Institut.

Zeller. *La philosophie des Grecs,* traduite de l'allemand, par M. E. Boutroux, maître de conférences à l'Ecole normale supérieure et par ses collaborateurs :
Tomes I et II. *La philosophie des Grecs avant Socrate,* par M. Boutroux. 2 vol. in-8, brochés. 20 fr.
Tome III. *Socrate et les socratiques,* par M. Belot. 1 vol. in-8, br. 10 fr.

7° SCIENCES ET ARTS

§ 1. *Arithmétique et applications diverses.*

Bertrand (Joseph). *Traité d'arithméti-que.* 1 vol. in-8, broché.   4 fr.

Cirodde (P.-L.). *Leçons d'arithmétique.* 1 vol. in-8, broché.   4 fr.

Degranges (Edmond). *Arithmétique commerciale et pratique.* In-8, broché.   5 fr.
— *La tenue des livres.* In-8, broché.   5 fr.

Dupuis. *Tables de logarithmes* à sept décimales, d'après Callet, Véga, Bremiker, etc. 1 vol. grand in-8, cart.   10 fr.
— *Tables de logarithmes* à cinq décimales, d'après de Lalande. 1 vol. grand in-18, cartonnage toile.   2 fr. 50
— *Tables de logarithmes* à quatre décimales. 1 vol. petit in-16, cartonné.   75 c.

Hoefer. *Histoire des mathématiques.* 1 v. in-16, broché.   4 fr.

Maire. *Arithmétique,* suivie des éléments du système métrique et du tracé des figures les plus simples de la géométrie plane. 2 vol. in-16, cartonnés :

Classes Préparatoire et de Huitième. 1 vol.   1 fr.
Classe de Septième. 1 vol.   1 fr. 50

Pichot, censeur honoraire du lycée Condorcet. *Arithmétique,* rédigée conformément aux programmes de 1890 pour les classes de Septième, Sixième et Cinquième. In-16, cart.   2 fr. 50
— *Arithmétique élémentaire,* conforme aux programmes de 1890, à l'usage des classes de Troisième et Rhétorique 1 vol. in-16, cart.   2 fr.
— *Éléments d'arithmétique* à l'usage de la classe de mathématiques élémentaires. 1 vol. in-8, broché.   3 fr.

Sonnet. *Problèmes et exercices d'arithmétique et d'algèbre.* 2 vol. in-8, br. 5 fr.
— *Dictionnaire des mathématiques appliquées.* 1 vol. grand in-8, broché.   30 fr.
Le cartonnage se paye en sus 2 fr. 75.

Tombeck. *Traité d'arithmétique.* 1 vol. in-8, broché.   4 fr.

§ 2. *Géométrie; Arpentage; Dessin.*

Bos, anc. insp. d'Académie. *Géométrie élémentaire,* conforme aux programmes de 1890, à l'usage des classes de Quatrième, Troisième et de Seconde. 1 vol. in-16, cart.   2 fr.

Bos et **Robière.** *Éléments de géométrie,* à l'usage de la classe de mathématiques élémentaires. 1 vol. in-8, broché.   7 fr.

Bougueret, professeur de dessin au lycée Saint-Louis. *Cours de dessin et notions de géométrie,* à l'usage des classes élémentaires de dessin. 50 planches in-4. Prix :   7 fr. 50
On vend séparément :
Dessin et géométrie des figures planes. 23 planches.   3 fr. 50

Dessin et géométrie des solides, 12 planches.   1 fr. 75
Constructions géométriques et lavis. 15 planches.   2 fr. 25

Briot et **Vacquant.** *Arpentage, levé des plans, nivellement.* 1 vol. in-16, avec des figures et des planches, broché.   3 fr.
— *Éléments de géométrie :*
1° *Théorie.* In-8, avec figures.   5 fr.
2° *Application.* In-8, avec fig.   3 fr. 50

Sonnet. *Géométrie théorique et pratique.* 2 vol. in-8, texte et planches, br.   6 fr.

Tombeck. *Traité de géométrie élémentaire.* 1 vol. in-8, broché.   5 fr.
— *Précis de levé des plans, d'arpentage et de nivellement.* In-8, broché.   1 fr. 50

§ 3. *Algèbre; Géométrie analytique; Géométrie descriptive; Trigonométrie.*

Bertrand (Joseph), membre de l'Institut. *Traité d'algèbre :*
1° *partie,* à l'usage des classes de Mathématiques élémentaires. In-8.   5 fr.
2° *partie,* à l'usage des classes de Mathématiques spéciales. 1 vol. in-8, br. 5 fr.

Bos. *Éléments d'algèbre,* à l'usage de la classe de Mathématiques élémentaires et des candidats au baccalauréat. 1 vol. in-8, broché.   7 fr.

Briot et **Vacquant.** *Éléments de géométrie descriptive,* à l'usage des classes

de Mathématiques élémentaires et des candidats au baccalauréat. 1 vol. in-8, avec figures, broché. 3 fr. 50

Dessenon. *Éléments de géométrie analytique*, a l'usage des candidats aux écoles du gouvernement et des élèves de première année de la classe de Mathématiques spéciales. 1 vol. in-8, avec figures, broché. 7 fr. 50

Kiæs. *Traité élémentaire de géométrie descriptive :*
1re *partie*, à l'usage des classes de Mathématiques élémentaires et des candidats au baccalauréat. 1 vol. in-8 de texte et 1 vol. in-8 de planches. 7 fr.
2e *partie*, à l'usage des classes de Mathématiques spéciales et des candidats aux Écoles normale supérieure, polytechnique et centrale. 1 vol. in-8 de texte et 1 vol. in-8 de planches, brochés. 10 fr.

Launay, professeur au lycée Saint-Louis. *Éléments d'algèbre*, conformes aux programmes de 1890, à l'usage des classes de Seconde et de Rhétorique. 1 vol. in-16, avec figures, cartonnage toile. 3 fr.

Pichot. *Algèbre élémentaire*, contenant les matières des programmes de 1890, à l'usage des classes de Seconde et de Rhétorique. 1 vol. in-16, cart. 2 fr.
— *Éléments de trigonométrie rectiligne*, à l'usage de la classe de Mathématiques élémentaires 1 vol. in-8, broche 3 fr. 50

Pichot et de Batz de Trenquelléon. *Géométrie descriptive*, à l'usage des candidats au baccalauréat. 1 vol. in-8, avec figures, broché. 1 fr. 50
— *Complément de géométrie descriptive*, à l'usage des candidats à Saint-Cyr. 1 vol. in-8, avec figures, broché. 3 fr.

Sonnet. *Premiers éléments de calcul infinitésimal.* 1 vol. in 8, broché. 6 fr.

Sonnet et Frontera. *Éléments de géométrie analytique*, rédigés conformément au dernier programme d'admission à l'École normale supérieure. In-8, br. 8 fr.

Tombeck. *Traité élémentaire d'algèbre*, à l'usage des classes de Mathématiques élémentaires. 1 vol. in-8, broche. 4 fr.
— *Cours de trigonométrie rectiligne.* 1 vol. in-8, broché. 2 fr. 50
— *Traité élémentaire de géométrie descriptive.* 1 vol. in-8, broché. 2 fr. 50

§ 4. Mécanique.

Collignon, inspecteur de l'École des ponts et chaussées. *Traité de mécanique.* 5 vol. in-8, avec figures, brochés. 37 fr. 50
1re partie, *Cinématique.* 1 vol. 7 fr. 50
2e partie, *Statique.* 1 vol. 7 fr. 50
3e partie, *Dynamique.* Liv. I à IV. 7 fr. 50
4e partie, *Dynamique.* Livres V à VII, 1 volume. 7 fr. 50
5e partie, *Compléments.* 1 vol. 7 fr. 50

Mascart, professeur au Collège de France. *Éléments de mécanique*, rédigés conformément au programme de l'enseignement scientifique dans les lycées. In-8, broché. 3 fr.

Mondiet et Thabourin : *Cours élémentaire de mécanique*, avec des énoncés et des problèmes, à l'usage de la classe de Mathématiques élémentaires. 3 vol. in-8, avec figures, brochés :
Tome I. *Principes;* 3e édition en 2 fascicules :
1er fascicule. *Statique.* 1 vol. 2 fr. 50
2e fascicule. *Cinématique.* 1 v. 2 fr. 50
Tome II. *Mécanismes.* 1 vol. 3 fr.
Tome III. *Moteurs.* 1 vol. 6 fr.
— *Problèmes élémentaires de mécanique.* 1 vol. in-8, broché. 5 fr.

Pichot et de Batz de Trenquelléon. *Éléments de mécanique*, à l'usage de la classe de Mathématiques élémentaires. 1 vol. in-8, avec figures, broché. 3 fr. 50

Tombeck. *Notions de mécanique*, à l'usage des élèves des lycées. 1 vol. in-8. 2 fr.

§ 5. Cosmographie.

Guillemin (Am.). *Éléments de Cosmographie*, conformes au programme de 1890, à l'usage de la classe de Rhétorique. In-16, avec fig., cartonnage toile. 3 fr.

Pichot. *Traité élémentaire de cosmographie*, à l'usage de la classe de Mathématiques élémentaires. 1 vol. in-8, avec 207 figures et 2 planches, broché. 6 fr.
— *Cosmographie élémentaire*, contenant les matières du programme de 1890, à l'usage de la classe de Rhétorique. 1 vol. in-16, avec 147 fig., cart. toile. 2 fr. 50

Tombeck. *Cours de cosmographie.* 1 vol. in-8, avec figures, broché. 3 fr. 50

§ 6. *Physique; Chimie.*

Angot, ancien professeur de physique au lycée Condorcet. *Éléments de physique,* contenant les matières indiquées par les programmes de 1890, à l'usage des classes de Troisième et Philosophie. 1 vol. in-16 avec 447 figures, cartonné   5 fr.

— *Traité de physique élémentaire,* à l'usage des classes de mathématiques élémentaires et des candidats à l'École polytechnique. 1 vol. in-8, broché.   8 fr.
Cartonnage toile.   9 fr.

Ganot. *Traité élémentaire de physique;* 20e édit., refondue et complétée par M. Maneuvrier, agrégé des sciences physiques, 1 fort vol. in-16, avec 1147 fig., br.   8 fr.
Cartonnage toile   8 fr. 50

— *Cours de physique purement expérimental et sans mathématiques;* 9e édition, complètement refondue et rédigée à nouveau, par M. Maneuvrier. 1 vol. in-16, avec 569 fig., broché.   6 fr.
Cartonnage toile.   6 fr. 50

Gay, professeur de physique au lycée Louis-le-Grand ; *Lectures scientifiques* (physique, chimie), rédigées conformément aux programmes du 28 janvier 1890. 1 fort vol. in-16, avec figures, broché.   4 fr. 50
Cartonnage toile.   5 fr.

Gossin, proviseur du lycée de Lyon. *Cours de physique,* conforme aux programmes de 1890, à l'usage des classes de Troisième et Philosophie, 1 vol. in-16, avec figures, cart.   4 fr.

Joly, maître de conférences à la Faculté des sciences de Paris. *Éléments de chimie,* conformes aux programmes de 1890, à l'usage des classes de Philosophie. 1 vol. in-16, avec fig., cartonnage toile.   3 fr.

Payen. *Précis de chimie industrielle;* 6e édition, revue et mise au courant par M. Vincent. 2 vol. in-8 de texte et 1 vol. de planches, brochés.   32 fr.

§ 7. *Histoire naturelle.*

Gervais. *Éléments de zoologie,* comprenant l'anatomie, la physiologie, la classification et l'histoire naturelle des animaux; 4e édit. 1 v. in-8, avec 604 figures et 3 planches, broché.   9 fr.

— *Cours élémentaire d'histoire naturelle, zoologie,* contenant les matières des programmes de 1850, à l'usage de la classe de Sixième. 1 vol. in-16, avec figures, cartonné.   3 fr.

Jangin, professeur au lycée Louis-Grand. *Cours élémentaire de botanique,* conforme au programme de 1890, à l'usage de la classe de Cinquième. 1 vol. in-16, avec 446 fig., cartonnage toile.   3 fr.

— *Anatomie et physiologie végétales,* conformes au programme de 1890, à l'usage de la classe de Philosophie. 1 vol. in-16, avec fig., cart. toile.   5 fr.

— *Éléments d'hygiène,* rédigés conformément aux programmes de 1890 et de 1891, à l'usage de la classe de Rhétorique. 1 vol. in-16 avec gravures, cartonnage toile. 3 fr.

Perrier, professeur au Muséum d'histoire naturelle de Paris. *Éléments de zoologie,* conforme au programme de 1890, à l'usage de la classe de Sixième. 1 volume in-16, avec 328 fig., cart. toile.   3 fr.

— *Anatomie et physiologie animales,* contenant les matières indiquées par le programme de 1890, à l'usage de la classe de Philosophie. 1 vol. in-8 avec 328 figures, broché.   8 fr.

Seignette, professeur au lycée Condorcet.
— *Cours élémentaire de géologie,* conforme au programme de 1890, à l'usage de la classe de Cinquième. 1 vol. in-16, avec figures, cartonnage toile.   2 fr. 50

8° ÉTUDE DE LA LANGUE LATINE

Asselin, professeur au collège Rollin. *Choix de dissertations françaises et latines, de vers et de thèmes grecs,* à l'usage des candidats à la licence ès lettres : sujets et développements. 1 vol. in-8. 5 fr.

— *Compositions françaises et latines,* à l'usage des lycées, des collèges. 1 vol. in-8, broché.   6 fr.

Auteurs latins (les) expliqués d'après une méthode nouvelle par deux traductions françaises, l'une littérale et *juxtalinéaire*, présentant le mot à mot français en regard des mots latins correspondants ; l'autre correcte et précédée du texte latin ; par une société de professeurs et de latinistes. Format in-16, broché :

Cette collection comprend les principaux auteurs qu'on explique dans les classes.

César : Guerre des Gaules, 2 vol.   9 fr.
   Chaque volume se vend séparément.
— Guerre civile, livre I.   2 fr. 25
Cicéron : Brutus.   4 fr.
— Catilinaires (les quatre).   2 fr.
— Des lois, livre I.   1 fr. 50
— Des devoirs.   6 fr.
— Dialogue sur l'amitié.   1 fr. 25
— Dialogue sur la vieillesse.   1 fr. 25
— Discours pour la loi Manilia.   1 fr. 50
— Discours pour Ligarius.   75 c.
— Discours pour Marcellus.   75 c.
— Discours sur les statues.   3 fr.
— Discours sur les supplices.   3 fr.
— Seconde philippique.   2 fr.
— Plaidoyer pour Archias.   90 c.
— Plaidoyer pour Milon.   1 fr. 50
— Plaidoyer pour Murena.   2 fr. 50
— Songe de Scipion.   50 c.
Cornelius Nepos.   5 fr.
Heuzet : Histoires choisies des écrivains profanes, 2 vol.   6 fr.
Chaque volume séparément.   3 fr.
Horace : Art poétique.
— Épîtres.   2 fr.
— Odes et Épodes. 2 vol.   4 fr. 50
   Les livres I et II des Odes.   2 fr.
   Les livres III et IV des Odes et les Épodes.   2 fr. 50
— Satires.   2 fr.
Justin : Histoires philippiques. 2 v. 12 fr.
   Chaque volume séparément.   6 fr.
Lomond : Abrégé de l'histoire sainte. 3 fr.
— Sur les hommes illustres de la ville de Rome.   4 fr. 50
Lucrèce : Morceaux choisis de M. Poyard.
   Prix :   3 fr. 50
Ovide : Choix des métamorphoses.   6 fr.
Phèdre : Fables.   2 fr.
Plaute : L'Aululaire.   1 fr. 75
Quinte-Curce : Histoire d'Alexandre le Grand, 2 vol.   12 fr.
   Chaque volume se vend séparément   6 fr.
Salluste : Catilina.   1 fr. 50
— Jugurtha.   3 fr. 50
Sénèque : De la vie heureuse.   1 fr. 50

Tacite : Annales, 4 vol.   18 fr.
   Chaque volume se vend séparément.
— Germanie (la).   1 fr.
— Histoires. Livres I et II.   5 fr.
— Vie d'Agricola.   1 fr. 50
Térence : Adelphes.   2 fr.
— Andrienne.   2 fr. 50
Tite-Live. Livres XXI et XXII.   5 fr.
— Livres XXIII, XXIV et XXV. 7 fr. 50
Virgile : Bucoliques (les).   1 fr.
— Géorgiques (les).   2 fr.
— Énéide : 4 volumes.   16 fr.
   Chaque volume séparément.   4 fr
   Chaque livre séparément.   1 fr. 50

Bloume. *Une première année de latin*; 8ᵉ édition. 1 vol. in-16, cartonné.   2 fr.

Bouché-Leclercq : *Manuel des institutions romaines*. 1 volume grand in-8, broché.   15 fr.

Bréal, professeur de grammaire comparée au Collège de France, **et Person** (Léonce), ancien professeur au lycée Condorcet. *Grammaire latine élémentaire*, 1 v. in-16, cartonnage toile.   2 fr.
— *Grammaire latine*, cours élémentaire et moyen. 1 volume in-16, cartonnage toile. Prix.   2 fr. 50
— *Exercices*. Voyez *Pressard*.

Bréal et Bailly, professeur au lycée d'Orléans. *Leçons de mots* : les mots latins groupés d'après le sens et l'étymologie de :
   Cours élémentaire, à l'usage de la classe de Sixième. In-16 cart.   1 fr. 25
   Exercices sur le Cours élémentaire. Voyez *Person*.
   Cours intermédiaire, à l'usage des classes de Cinquième et de Quatrième. 1 vol. in-16, cartonné.   2 fr. 50
   Cours supérieur. Dictionnaire étymologique latin. 1 vol. in-8, cart.   7 fr. 50

Chassang, ancien inspecteur général de l'instruction publique. *Modèles de composition latine*, avec des arguments, des notes et des préceptes sur chaque genre de composition. 1 vol. in-16, cart.   2 fr.

Châtelain, chargé de conférences à la Faculté des lettres de Paris. *Lexique latin-français*, rédigé conformément au décret du 19 juin 1880, à l'usage des candidats au baccalauréat ; nouvelle édition. 1 vol. in-16, cart.   6 fr.
   Reconnu conforme à la note officielle du 29 janvier 1881.

Classiques latins; nouvelle collection, format petit in-16, publiée avec des notices, des arguments analytiques et des notes en français.

Ces éditions se recommandent par la pureté du texte, la concision des notes, la commodité du format, l'élégance et la solidité du cartonnage.

César: Commentaires (Benoist et Dosson). 1 vol. 2 fr. 50

Cicéron : Extraits des discours (F. Ragon). 2 fr. 50
— Extraits des ouvrages de rhétorique, (V. Cucheval, professeur de rhetorique au lycée Condorcet.) 2 fr.
— Choix de lettres (V. Cucheval). 2 fr.
— De amicitia (E. Charles, recteur). 75 c.
— De finibus bonorum et malorum, libri I et II (E. Charles, recteur). 1 fr. 50
— De legibus, livre I (Lucien Lévy, professeur au lycée d'Amiens). 75 c.
— De natura Deorum (Thiaucourt). 1 fr. 50
— De re publica (E. Charles). 1 fr. 50
— De signis (E. Thomas, prof. à la Faculté des lettres de Douai. 1 fr. 50
— De suppliciis (E. Thomas). 1 fr. 50
— De senectute (E. Charles). 75 c.
— In M. Antonium oratio philippica secunda (Gantrelle). 1 fr.
— In Catilinam orationes quatuor (Noël, professeur au lycée de Versailles). 75 c.
— Orator (C. Aubert). 1 fr.
— Pro Archia poeta (E. Thomas). 60 c.
— Pro lege Manilia (Noël). 60 c.
— Pro Ligario (Noël). 30 c.
— Pro Marcello (Noël). 30 c.
— Pro Milone (Noël). 75 c.
— Pro Murena Noël). 75 c.
— Somnium Scipionis (V. Cucheval). 30 c.

Cornelius Nepos (Monginot, professeur au lycée Condorcet). 90 c.
Élégiaques romains (Waltz). 1 fr. 80
Epitome historiæ græcæ (Julien Girard). Prix. 1 fr. 50
Heuzet : Selectæ e profanis scriptoribus historiæ. Édition simplifiée (Lecomte). Prix. 1 fr. 80
Horace: De arte poetica (M. Albert). 60 c.
Jouvency : Appendix de diis et heroibus (Edeline). 70 c.
Lhomond : De viris illustribus urbis Romæ (L. Duval). 1 fr. 50
— Epitomæ historiæ sacræ (Pressard, professeur au lycée Louis-le-Grand). 75 c.

Lucrèce : De natura rerum, livre I (Benoist et Lantoine). 90 c.
— Morceaux choisis (Poyard, professeur au lycée Henri IV). 1 fr. 50 c.
Ovide : Morceaux choisis des métamorphoses (Armengaud). 1 fr. 80
Pères de l'Eglise latine : Morceaux choisis (Nourrisson). 2 fr. 25
Phèdre : Fables (Talbert). 80 c.
Plaute : L'aululaire (Benoist). 80 c.
— Morceaux choisis (Benoist). 2 fr.
Pline le Jeune : Choix de lettres (Waltz, prof. à l'Ecole sup. d'Alger). 1 fr. 80
Quinte-Curce (Dosson). 2 fr. 25
Quintilien : De institutione oratoria (Dosson). 1 fr. 50
Salluste (Lallier). 1 fr. 80
Sénèque : De vita beata (Delaunay). 75 c.
— Lettres à Lucilius, I à XVI (Aubé). 75 c.
Tacite : Annales (Jacob). 2 fr. 50
— Hist., livres I et II (Gœlzer). 1 fr. 80
— Histoires (Gœlzer). 1 fr. 80
— Vie d'Agricola (Jacob). 75 c.
Térence : Adelphes (Psichari). 80 c.
Tite-Live (Riemann et Benoist).
Livres XXI et XXII. 1 vol. 2 fr.
Livres XXIII, XXIV et XXV. 1 vol. 2 fr. 50
Livres XXVI à XXX. 1 vol. 3 fr. »
— Narrationes (Riemann et Uri). 1 fr. 80
Virgile (Benoist). 2 fr. 25

Classiques latins, formats in-16. Éditions publiées avec des notes en français, par les auteurs dont les noms sont indiqués entre parenthèses.

Cicero : De officiis (H. Marchand). 1 fr.
— De oratore (Bétolaud). 1 fr 50
— Tusculanarum quæstionum libri V (Jourdain). 1 fr. 50
Horatius : Opera (Sommer). 2 fr.
Justinus : Historiæ philippicæ (Pessonneaux). 1 fr. 50
Lucain : La Pharsale (Naudet). 2 fr.
Narrationes selectæ e scriptoribus latinis (Chassang). 2 fr. 25
Pline l'Ancien : Morceaux extraits de l'Histoire naturelle (Chassang). 1 fr. 50
— Panégyrique de Trajan (Bétolaud). 75 c.
Sénèque : Choix de lettres morales à Lucilius (Sommer). 1 fr. 25
Voir ci-dessus *Classiques latins* (nouvelle collection, format petit in-16).

Comte (Ch.), professeur agrégé au lycée Hoche. *Exercices latins à l'usage des commençants.* Recueil de versions et de thèmes écrits ou oraux sur l'Abrégé de Grammaire latine de M. L. Havet, avec un vocabulaire. 1 vol. in-16, cartonnage toile. 2 fr. 50

Éditions à l'usage des professeurs. Textes latins publiés d'après les travaux les plus récents de la philologie, avec des commentaires critiques et explicatifs, des introductions et des notices. Format grand in-8, broché. En vente :

Cicéron : Discours pour le poète Archias, par M. Emile Thomas, professeur à la Faculté des lettres de Lille. 1 vol. 2 fr. 50
— De suppliciis, par le même. 1 vol. 4 fr.
— De signis, par le même, 1 vol. 4 fr.
— Divinatio in Q. Cæcilium, par le même, 1 vol. 2 fr. 50
— Brutus, par M. J. Martha, maître de conférences à l'Ecole normale supérieure. 1 vol. 6 fr.
Cornelius Nepos, par M. Monginot, professeur au lycée Condorcet. 1 vol. 6 fr.
Horace : L'Art poétique, par M. M. Albert, prof. au collège Rollin, 1 v. 2 fr. 50
Lucrèce : De la nature des choses, liv. V, par MM. Benoist, et Lantoine. 1 vol. 4 fr.
Salluste : Guerre de Jugurtha, par M. Lallier, ancien professeur à la Faculté des lettres de Paris. 1 vol. 4 fr.
— Catilina, par M. Anthoine. 1 vol. 6 fr.
Tacite : Annales, par M. Jacob, professeur à Louis-le-Grand. 2 vol. 15 fr.
— Dialogue des orateurs, par M. Gœlzer, maître de conférences à la Faculté des lettres de Paris. 1 vol. 4 fr.
Virgile, par M. Benoist. 3 vol. :
Bucoliques et Géorgiques. 1 vol. 7 fr. 50
Eneide : 3ᵉ tirage. 2 vol. 15 fr.
Chaque volume séparément 7 fr. 50
Gow (Dʳ J.) principal du collège de Nottingham, et S. Reinach : Minerva, introduction à l'étude des classiques scolaires grecs et latins. Ouvrage adapté aux besoins des écoles françaises. 2ᵉ édit. 1 vol. in-16, cartonnage toile. 3 fr.
Guérard et Molliard, directeurs des études au collège Sainte-Barbe. Petit dictionnaire latin-français. 1 vol. in-16 cartonnage toile. 4 fr.
Havet (L.), prof. de philologie latine au Collège de France. Abrégé de grammaire latine, à l'usage des classes de grammaire. 1 vol. in-16, cart. toile. 1 fr. 50
— Exercices. Voyez Comte.
Le Roy. Sujets et développements de compositions latines. In-8, br. 3 fr. 50
— Sujets et développements de compositions données dans les Facultés de 1860 à 1873, ou proposées comme exercices préparatoires pour les examens de la licence ès lettres, avec des observations de M. Dübner. 2ᵉ édition. 1 vol. in-8, br. 4 fr.

Lhomond. Éléments de la grammaire latine. 1 vol. in-16, cartonné. 80 c.
Marais. Recueil de versions latines dictées dans les Facultés, depuis 1874 jusqu'en 1881, pour l'examen du baccalauréat ès sciences ; textes et traductions. 2 vol. in-8, Brochés. 6 fr.
Chaque volume séparément. 5 fr.
Merlet. Études littéraires sur les grands classiques latins, avec des extraits empruntés aux meilleures traductions. 1 vol. in-16, broché. 4 fr.
Méthode uniforme pour l'enseignement des langues, par E. Sommer.
Abrégé de grammaire latine. In-16, cartonné 1 fr. 25
Questionnaire sur l'Abrégé de grammaire latine. In-16, cartonné. 50 c.
Exercices sur l'Abrégé de grammaire latine. 1 vol. in-16, cartonné. 1 fr. 25
Corrigé desdits exercices. In-16. 1 fr. 50
Cours de versions latines extrait du recueil de Jacobs. 1ʳᵉ partie. 1 vol. in-16, cartonné. 1 fr.
Corrigé. 1 vol. in-16, broché. 1 fr. 25
Cours de versions latines. 2ᵉ partie. 1 vol. in-16, cartonné. 1 fr.
Corrigé. 1 vol. in-16, broché. 1 fr. 25
Cours de thèmes latins. In-16. 1 fr. 50
Cours complet de grammaire latine. 1 vol. in-8, cartonné. 2 fr. 50
Exercices sur le Cours complet de grammaire latine. In-8, cartonné. 2 fr. 50
Voir pages 7 et 23 pour les langues française et grecque.
Noël. Dictionnaire français-latin ; nouvelle édition revue par M. Pessonneaux, professeur au lycée Henri IV. 1 vol. grand in-8, cartonnage toile. 8 fr.
— Dictionnaire latin-français ; nouvelle édition revue par M. Pessonneaux, professeur au lycée Henri IV. 1 vol. grand in-8, cartonnage toile. 8 fr.
— Gradus ad Parnassum, nouv. édit., revue par M. de Parnajon, profes. au lycée Henri IV. 1 vol. gr. in-8, cart. toile. 8 fr.
Patin. Études sur la poésie latine. 2 vol. in-16, brochés. 7 fr.
Person (Léonce), ancien professeur au lycée Condorcet : Exercices de traduction et d'application (thèmes et versions) sur les mots latins de MM. Bréal et Bailly. Cours élémentaire. 1 vol. in-16, cart. 1 fr.
Pierron. Histoire de la littérature romaine. 1 vol. in-16, broché. 4 fr.
Pressard, professeur au lycée Louis-le-Grand : Premières leçons de latin. 1 vol. in-16, cartonné. 2 fr. 50

Pressard (suite). *Exercices latins*, thèmes, versions, questionnaires et exercices oraux sur la Grammaire latine élémentaire de MM. Bréal et Person. 2 vol.
  1ʳᵉ partie : Exercices sur les déclinaisons, les conjugaisons et les mots invariables. Thèmes et versions sur les éléments de la syntaxe, avec des listes de mots. 1 vol. in-16 cartonnage toile.   2 fr. 50
  2ᵉ partie : Exercices sur la syntaxe et exercices généraux avec un vocabulaire. 1 vol. in-16, cartonnage toile.   2 fr. 50

Quicherat (L.). *Dictionnaire français-latin*. Nouvelle édition refondue par M. Chatelain. Grand in-8, cartonnage toile.   9 fr. 50
— *Thesaurus poeticus linguæ latinæ.* 1 vol. grand in-8, carton. toile.   8 fr. 50
— *Nouvelle prosodie latine.* 1 vol. in-16, cartonné.   1 fr.
— *Traité de versification latine.* 1 vol in-16 cartonné.   3 fr.

Quicherat et Davoluy. *Dictionnaire latin-français.* Nouvelle édition entièrement refondue par M. Chatelain. Grand in-8, cartonnage toile.   9 fr. 50

Sommer. *Lexique français-latin*, à l'usage des classes élémentaires, extrait du dictionnaire français-latin de M. Quicherat ; nouvelle édition revue et complétée par M. Chatelain. 1 vol. in-8 cartonné.   3 fr. 75
— *Lexique latin-français*, à l'usage des classes élémentaires, extrait du Dictionnaire latin-français de MM. Quicherat et

Daveluy ; nouvelle édition revue et complétée par M. Chatelain. 1 vol. in-8, cartonnage toile.   3 fr. 75
  Voir *Méthode uniforme pour l'enseignement des langues*, pages 6 et 25.

Thurot et Chatelain. *Prosodie latine.* 1 vol. in-16, cart.   1 fr. 25

Traductions françaises des chefs-d'œuvre de la littérature latine, sans le texte latin, à 3 fr. 50 le volume format in-16 :
  Le nom des traducteurs est indiqué entre parenthèses.
Horace (Jules Janin), 1 vol.
Juvénal et Perse (E. Despois), 1 vol.
Lucrèce (Patin), 1 vol.
Plaute (E. Sommer), 2 vol.
Sénèque (J. Baillard), 2 vol.
Tacite (J.-L. Burnouf), 1 vol.
Tite Live (Gaucher), 4 vol.
Virgile (Cabaret-Dupaty), 1 vol.

Tridon-Péronneau. *Cours de Versions latines,* 125 textes précédés de notices sur les auteurs, disposés dans un ordre méthodique et accompagné de notes grammaticales, historiques et littéraires, à l'usage des candidats au baccalauréat. Textes latins. 1 vol. in-16, broché.   2 fr.
Le même ouvrage. Traduction française. 1 vol. in-16, broché.   1 fr. 50

Uri (J.). *Recueil de versions latines,* dictées à la Sorbonne pour les examens du baccalauréat ès lettres de 1883 à 1897. 2 vol. in-16 ; *textes et traductions,* br. 3 fr.

9° ÉTUDE DE LA LANGUE GRECQUE ANCIENNE

Alexandre (C.). *Dictionnaire grec-français,* suivi d'un *Vocabulaire grec-français des noms propres de la langue grecque,* par A. Pillon. 1 vol. grand in-8, cartonnage toile.   15 fr.
— *Abrégé du dictionnaire grec-français,* par le même auteur. 1 vol. grand in-8, cartonnage toile.   7 fr. 50

Alexandre, Planche et Defauconpret. *Dictionnaire français-grec.* 1 vol in-8, cartonnage toile.   15 fr.

Auteurs grecs (les) **expliqués** d'après une méthode nouvelle, par deux traductions françaises, l'une littérale et *juxtalinéaire,* présentant le mot à mot français en regard des mots grecs correspondants, l'autre correcte et précédée du texte grec, avec des sommaires et des notes en français, par une société de professeurs et d'hellénistes. Format in-16.
  Cette collection comprend les principaux auteurs qu'on explique dans les classes.

Aristophane : Plutus.   2 fr. 25
— Morceaux choisis de M. Poyard.   6 fr.
Aristote : Morale à Nicomaque, livre viii. 1 vol.   1 fr. 50
— Morale à Nicomaque, liv. x.   1 fr. 50
— Poétique.   2 fr. 50
Babrius : Fables.   4 fr.
Basile (S.) : De la lecture des auteurs profanes.   1 fr. 25
— Contre les usuriers.   75 c.
— Observe-toi toi-même.   90 c.
Chrysostome (S. Jean) : Homélie en faveur d'Eutrope.   60 c.
— Homélie sur le retour de l'évêque Flavien.   1 fr.
Démosthène : Discours contre la loi de Leptine.   3 fr. 50
— Discours pour Ctésiphon ou sur la couronne.   3 fr. 50
— Harangue sur les prévarications de l'ambassade.   6 fr.

— Les trois Olynthiennes. 1 fr. 50
— Les quatre Philippiques. 2 fr.
Denys d'Halicarnasse : Première lettre
à Ammée. 1 fr. 25
Eschine : Discours contre Ctésiphon. 4 fr.
Eschyle : Prométhée enchaîné. 3 fr.
— Sept (les) contre Thèbes. 1 fr. 50
— Morceaux choisis de M. Weil. 5 fr.
Ésope : Fables choisies. 1 fr. 25
Euripide : Alceste. 2 fr.
— Electre. 3 fr.
— Hécube. 2 fr.
— Hippolyte. 3 fr. 50
— Iphigénie à Aulis. 3 fr.
Grégoire de Nazianze (S.) : Éloge funè-
bre de Césaire. 1 fr. 25
— Homélie sur les Machabées. 90 c.
Grégoire de Nysse (S.) : Contre les usu-
riers. 75 c.
— Eloge funèbre de saint Mélèce. 75 c.
Hérodote : Morceaux choisis. 7 fr. 50
Homère : Iliade. 6 volumes. 20 fr.
Chaque volume séparément. 3 fr. 50
Chaque chant séparément. 1 fr.
— Odyssée. 6 vol. 24 fr.
Chaque volume séparément. 4 fr.
Les chants 1, 2, 6, 11 et 12 se vendent sépa-
rément, chacun 1 fr.
Isocrate : Archidamus. 1 fr. 30
— Conseils à Démonique. 75 c.
— Eloge d'Evagoras, 1 fr.
— Panégyrique d'Athènes, 2 fr. 50
Luc (S.) : Evangile. 3 fr.
Lucien : Dialogues des morts. 2 fr. 25
— Le songe, ou le coq. 1 fr. 50
— De la manière d'écrire l'histoire. 2 fr.
Pères grecs (choix de discours tirés des).
Prix : 7 fr. 50
Pindare : Isthmiques (les). 2 fr. 50
— Néméennes (les). 3 fr.
— Olympiques (les). 3 fr. 50
— Pythiques (les). 3 fr. 50
Platon : Alcibiade (le 1er). 2 fr. 50
— Apologie de Socrate. 2 fr.
— Criton. 1 fr. 25
— Gorgias. 6 fr.
— Phédon. 5 fr.
— République, livre VI. 2 fr. 50
— République, livre VIII. 2 fr. 50
Plutarque : De la lecture des poètes, 3 fr.
— Sur l'éducation des enfants. 2 fr.
— Vie d'Alexandre. 3 fr.
— Vie d'Aristide. 2 fr.
— Vie de César. 2 fr.
— Vie de Cicéron. 3 fr.
— Vie de Démosthène. 2 fr. 50
— Vie de Marius. 3 fr.
— Vie de Pompée. 5 fr.

— Vie de Solon. 3 fr.
— Vie de Sylla. 3 fr.
— Vie de Thémistocle. 2 fr.
Sophocle : Ajax. 2 fr. 50
— Antigone. 2 fr. 25
— Electre. 3 fr.
— Œdipe à Colone. 2 fr.
— Œdipe roi. 1 fr. 50
— Philoctète. 2 fr. 50
— Trachiniennes (les). 2 fr. 50
Théocrite : Œuvres complètes. 7 fr. 50
Thucydide : Guerre du Péloponèse :
Livre I. 6 fr.
Livre II. 5 fr.
Morceaux choisis de M. Croiset. 5 fr.
Xénophon : Anabase (les 7 liv.), 2 v. 12 fr.
Chaque livre séparément. 2 fr.
— Apologie de Socrate. 60 c.
— Cyropédie, livre I. 1 fr. 25
— — livre II. 1 fr. 25
— Economique. 3 fr. 50
— Entretiens mémorables de Socrate (les
quatre livres). 7 fr. 50
— Extraits des Mémorables. 2 fr. 50
— Extraits de la Cyropédie. 1 fr. 25
— Morceaux choisis de M. de Parnajon
Prix : 7 fr. 50
Bréal, professeur de grammaire comparée
au Collège de France, et **Bailly,** profes-
seur au lycée d'Orléans : *Leçons de mots :*
les mots grecs groupés d'après le sens et
l'étymologie. 1 vol. in-16, cart. 1 fr. 50
Voy. *Person :* Exerc. de trad. et d'applic.
Classiques grecs, nouvelle collection,
format petit in-16, publiée avec des no-
tices, des arguments analytiques et des
notes en français.
Ces éditions se recommandent par la pureté du
texte, la concision des notes, la commodité du
format, l'élégance et la solidité du cartonnage
Aristophane : Morceaux choisis (Poyard,
professeur au lycée Henri IV). 2 fr.
Aristote : Morale à Nicomaque, livre
VIII (Lucien Lévy, professeur au lycée
d'Amiens). 1 fr.
— Morale à Nicomaque, livre X (Hanne-
quin, professeur au lycée de Lyon).
Prix : 1 fr. 50
— Poétique (Egger, membre de l'Insti-
tut) 1 fr.
Babrius : Fables (Desrousseaux). 1 fr. 50
Démosthène : Discours de la couronne
(Weil, membre de l'Institut). 1 fr. 25
— Les trois Olynthiennes (Weil). 60 c.
— Les quatre Philippiques (Weil). 1 fr.
— Sept Philippiques (H. Weil). 1 fr. 50
Denys d'Halicarnasse : Première lettre à
Ammée (Weil). 60 c.

Élien : Morceaux (J. Lemaire). 1 fr. 10
Épictète : Manuel (Thurot). 1 fr.
Eschyle : Morceaux choisis (Weil). 1 fr. 60
— Les Perses (Weil). 1 fr.
— Prométhée enchaîné (Weil). 1 fr.
Euripide : Théâtre (Weil). Alceste ; —
Électre ; — Hécube ; — Hippolyte ; —
Iphigénie à Aulis ; — Iphigénie en
Tauride. Chaque tragédie. 1 fr.
— Morceaux choisis (Weil). 2 fr.
Hérodote : Morceaux choisis (Tournier,
maitre de conférences à l'École nor-
male). 1 vol. 2 fr.
Homère : Iliade (A. Pierron). 3 fr. 50
Les chants 1, 2, 6, 9, 10, 18, 22 et 24 se ven-
dent séparément, chacun, 25 c.
— Odyssée (A. Pierron). Les chants i, ii,
vi, xi, xxii et xxiii. 2 fr. 50
Chaque chant séparément. 25 c.
Lucien : De la manière d'écrire l'histoire
(Lehugeur). 75 c.
— Dialogues des morts (Tournier et Des-
rousseaux). 1 fr. 50
— Morceaux choisis (Talbot). 2 fr.
— Le songe ou le coq (Desrousseaux).
Prix : 1 fr.
Platon : République, livre vi (Aubé, anc.
profes. au lycée Condorcet). 1 fr. 50
— République, livre vii (Aubé). 1 fr. 50
- - République, livre viii (Aubé). 1 fr. 50
— Criton (Ch. Waddington). 50 c.
— Morceaux choisis (Poyard) 2 fr.
Plutarque : Vie de Cicéron (Graux). 1 fr. 50
- - Vie de Démosthène (Graux). 1 fr.
— Vie de Périclès (Jacob). 1 fr. 50
— Morceaux choisis des biographies
(Talbot). 2 vol. :
1° Les Grecs. 1 vol. 2 fr.
2° Les Romains. 1 vol. 2 fr.
— Morceaux choisis des œuvres morales
(V. Bétolaud). 1 vol. 2 fr.
Sophocle : Théâtre (Tournier). Ajax ; —
Antigone ; — Électre ; — Œdipe à Co-
lone ; — Œdipe roi ; — Philoctète ; — les
Trachiniennes. Chaque tragédie. 1 fr.
Le même théâtre, sans notes. 2 fr.
Sophocle : Morceaux choisis (Tournier).
Prix : 1 fr.
Thucydide : Morceaux choisis (A. Croi-
set, maitre de conférences à la Faculté
des lettres de Paris). 2 fr.
Xénophon : Morceaux choisis (de Parna-
jon, prof. au lycée Henri IV). 2 fr.
— Économique (Graux et Jacob). 1 fr. 50
— Extraits de la Cyropédie (Petitjean).
Prix : 1 fr. 50
— Ext. des Mémorables (Jacob). 1 fr. 50
— Mémorables, livre i (Lebègue). 1 fr.

Classiques grecs, format in-16. Édi-
tions publiées avec des notes en français.
Aristophane : Plutus (Ducasau). 1 fr.
Babrius : Fables (Th. Fix). 60 c.
Basile (S.) : Discours sur la lecture des
auteurs profanes (Sommer). 50 c.
— Homélie sur le précepte : Observe-toi
toi-même (Sommer). 30 c.
Chrysostome (S. Jean) : Discours sur le
retour de l'évêque Flavien (Sommer).
40 c.
— Homélie en faveur d'Eutrope (Som-
mer). 30 c.
Démosthène : Discours contre la loi de
Leptine (Stiévenart). 90 c.
Eschyle : Sept contre Thèbes (les) (Ma-
terne). 1 fr.
Ésope : Fables choisies (Sommer). 1 fr.
Grégoire (S.) de Nazianze : Homélie sur
les Machabées (Sommer). 40 c.
Hérodote : Livre I (Sommer). 3 fr. 50
Homère : Odyssée (Sommer). 3 fr. 50
Les chants 1, 2, 6, 11, 12, 22 et 23 se vendent
séparément, chacun, 25 c.
Isocrate : Archidamus (Leprévost). 50 c.
— Éloge d'Évagoras (Sommer). 50 c.
— Panégyrique d'Athènes (Sommer). 80 c.
Lucien. Nigrinus (C. Leprévost). 40 c.
— Songe (le) ou le Coq (de Sinner). 50 c.
Pères grecs : Choix de discours (Som-
mer). 1 fr. 75
Pindare : Isthmiques (les) (Fix et Som-
mer). 60 c.
— Néméennes (les) (id.). 90 c.
— Olympiques (les) (id.). 1 fr. 50
— Pythiques (les) (id.). 1 fr. 50
Platon : Alcibiade (le premier). 65 c.
— Alcibiade (le second) (Mablin). 50 c.
— Apologie de Socrate (Talbot). 60 c.
— Georgias (Sommer). 1 fr. 50
— Phédon (Sommer). 60 c.
Plutarque : De la lecture des poètes
(Ch. Aubert). 75 c.
— De l'éducat. des enfants (C. Bailly). 60 c.
Plutarque : Vie d'Alexandre (Bétolaud).
Prix : 1 fr.
— Vie d'Aristide (Talbot). 1 fr.
— Vie de César (Materne). 1 fr.
— Vie de Pompée (Druon). 1 fr.
— Vie de Solon (Deltour). 1 fr.
— Vie de Thémistocle (Sommer). 1 fr.
Théocrite : Idylles choisies (L. Renier).
Prix : 1 fr. 25
Thucydide : Guerre du Péloponèse :
Livre I (Legouëz). 1 fr. 60
Livre II (Sommer). 1 fr. 60

Xénophon : Anabase, les sept livres (de Parnajon). 3 fr.
Chaque livre séparément. 75 c.
— Cyropédie, livre I (Huret). 75 c.
— Cyropédie, livre II (Huret). 75 c.
— Entretiens mémorables de Socrate (Sommer). 2 fr.
Voir ci-dessus *Classiques grecs* (nouvelle collection. format petit in-16).

Croiset (A.) **et Petitjean,** professeur au lycée Buffon. *Premières leçons de grammaire grecque,* rédigées conformément au programme de la classe de Cinquième. 1 vol. in-16, cart. toile. 1 fr. 50
— *Grammaire grecque* à l'usage des classes de grammaire et de lettres. 1 vol. in-16, cart. toile. 3 fr.
— Exercices d'application, voir *Petitjean et Glachant.*

Denys d'Halicarnasse. *Jugement sur Lysias,* texte et traduction française publiés avec un commentaire critique et explicatif par MM. Desrousseaux, maître de conférences à la Faculté des lettres de Lille, et Egger, professeur agrégé au collège Stanislas. 1 vol. in-8, broché. 4 fr.

Dübner. *Lexique français-grec,* à l'usage des classes élémentaires. 1 vol. in-8, cartonnage toile. 6 fr.
— *Lhomond grec,* ou premiers éléments de la grammaire grecque. 1 volume in-8, cartonné. 1 fr. 50
— *Exercices* ou versions et thèmes sur les premiers éléments de la grammaire grecque, précédés d'un traité élémentaire d'accentuation. 1 vol. in-8, cart. 2 fr.
— *Corrigé des Exercices.* In-8, br. 1 fr.

Éditions à l'usage des professeurs.
Textes grecs, publiés d'après les travaux les plus récents de la philologie, avec des commentaires critiques et explicatifs et des notices. Format gr. in-8, br. En vente :
Démosthène : Les harangues, par M. H. Weil, membre de l'Institut; 2e édition. 1 vol. 8 fr.
— Les plaidoyers politiques, par M. H. Weil. 2 vol. 16 fr.
Euripide : Sept tragédies, par M. H. Weil; 2e édition. 1 vol. 12 fr.
Homère : L'Iliade, par M. A. Pierron; 3e édit. 2 vol. 16 fr.
— L'Odyssée, par M. A. Pierron; 2e édit. 2 vol. 16 fr.
Sophocle : Tragédies, par M. Tournier, maître de conférences à l'École normale supérieure; 2e édit. 1 vol. 12 fr.
Thucydide : Guerre du Péloponèse. Livres I et II, par M. Alfred Croiset, professeur à la Faculté des lettres de Paris. 1 vol. 8 fr.

Merlet : *Études littéraires sur les grands classiques grecs,* avec des extraits empruntés aux meilleures traductions. 1 vol. in-16, broché. 4 fr.

Méthode uniforme pour l'enseignement des langues, par E. Sommer:
Abrégé de la grammaire grecque. In-16, cartonné. 1 fr. 50
Questionnaire sur l'Abrégé de grammaire grecque. 1 vol. in-16, cartonné. 90 c.
Exercices sur l'Abrégé de grammaire grecque. 1 vol. in-16, cart. 1 fr. 50
Corrigé desdits exercices. In-16. 2 fr.
Cours de versions grecques, extraites du Recueil de Jacobs. 1re partie. 1 vol. in-16, cartonné. 1 fr.
Corrigé 1 vol. in-16, broché. 1 fr. 25
Cours de versions grecques. 2e partie. 1 vol. in-16, cartonné. 1 fr.
Corrigé. 1 vol. in-16, broché. 1 fr. 25
Cours de thèmes grecs. In-16. 1 fr. 50
Corrigé des thèmes grecs. In-16. 2 fr.
Cours complet de grammaire grecque. 1 vol in-8, cartonné. 3 fr.
Exercices sur le Cours complet de grammaire grecque. In-8, cart. 3 fr.
Corrigé desdits. In-8, br. 3 fr. 50
V p. 7 et 19 pour les *langues française et latine.*

Ozaneaux. *Nouveau dictionnaire français-grec.* 1 vol. in-8, cart. toile. 15 fr.

Patin. *Études sur les tragiques grecs,* ou examen critique d'Eschyle, de Sophocle et d'Euripide, 4 vol. in-16, br. 14 fr.

Pères grecs. *Choix de discours,* texte grec annoté par M. Sommer. 1 vol. in-16, cartonné. 3 fr. 75

Person (Léonce), ancien professeur au lycée Condorcet : *Exercices de traduction et d'application sur les mots grecs,* de MM. Bréal et Bailly, groupés d'après la forme et le sens. 1 vol. in-16, cart. 1 fr. 50.
Voyez *Bréal* et *Person.*

Petitjean, professeur au lycée Buffon, et **V. Glachant,** professeur au lycée Lakanal. *Exercices d'application sur les Premières leçons de grammaire grecque* de MM. Croiset et Petitjean. 1 vol. in-16, cartonné toile. 2 fr.
— *Exercices* sur la Grammaire grecque de MM. Croiset et Petitjean. 1 vol. in-16, cart. toile. » »
Voir *Croiset* et *Petitjean.*

Pierron. *Histoire de la littérature grecque.* 1 vol. in-16, broché. 4 fr.

Planche. *Dictionnaire grec-français,* refondu entièrement par Vendel-Heyl et

A. Pillon. Nouvelle édition augmentée
d'un vocabulaire des noms propres, par
A. Pillon. 1 vol. grand in-8, cart.   5 fr.
Quicherat (L.). *Chrestomathie* ou premiers
exercices de traduction grecque, avec un
lexique. Grand in-18, cart.   1 fr. 25
— *Traduction française* des exercices.
Grand in-18, broché.   1 fr. 25
Sommer, *Lexique grec-français*, à l'usage
des classes élément. 1 vol. in-8, cart.   6 fr.
Voir *Méthode uniforme pour l'enseignement des
langues*, pages 6, 18 et 23.
Tournier, maître de conférences à l'École
normale. *Clef du vocabulaire grec*.
1 vol. in-16, cartonné.   2 fr. 50
Tournier et Riemann, maîtres de conférences à l'École normale supérieure. *Premiers éléments de grammaire grecque*.
1 vol. in-8, cartonné.   1 fr. 50
Traductions françaises des chefs-

d'œuvre de la littérature grecque
sans le texte grec, à 3 fr. 50 le volume
format in-16.
Le nom des traducteurs est indiqué entre
parenthèses.
Anthologie grecque, 2 vol.
Aristophane (C. Poyarn), 1 vol.
Diodore de Sicile (F. Hoefer), 4 vol.
Eschyle (Ad. Bouillet), 1 vol.
Euripide (Hinstin). 2 vol.
Hérodote (P. Giguet), 1 vol.
Homère (P. Giguet), 1 vol.
Lucien (E. Talbot), 2 vol.
Plutarque. Vies des hommes illustres
(E. Talbot), 4 vol.
— Œuvres morales (Bétolaud) 5 vol.
Sophocle (Bellaguet), 1 vol.
Strabon (A. Tardieu), 4 vol.
Thucydide (E. Bétant), 1 vol.
Xénophon (E. Talbot), 2 vol.

10° ÉTUDE DES LANGUES VIVANTES
1° LANGUE ALLEMANDE

Auerbach. *Choix de récits villageois de
la Forêt-Noire*. Texte allemand, publié
et annoté par M. B. Lévy, ancien inspecteur
général de l'instruction publique; 1 vol.
petit in-16, cartonné.   2 fr. 50
Le même ouvrage, traduction française,
par M. Lang, sans le texte. 1 vol. petit in-16, broché.   3 fr. 50
Bacharach. *Grammaire allemande*, à
l'usage des classes supérieures. In-16. 3 f.75
— *Grammaire abrégée de la langue allemande*. 1 vol. in-16, cart.   1 fr. 80
— *Cours de thèmes allemands*, accompagnés de vocabulaires. In-16. cart.   3 fr. 25
Benedix. *Le procès*, comédie. Texte allemand, annoté par M. Lange, chargé de
conférences à la Faculté des lettres de
Paris. Petit in-16, cart.   60 c.
Le même ouvrage, traduction française
de Mme Boullenot avec le texte. 1 vol.
in-16, broché.   75 c.
Le même ouvrage, traduction *juxtalinéaire*, par M. Lang. in-16 br.   1 fr. 50
— *L'entêtement*. Texte allemand, annoté
par M. Lange. Petit in-16, cart.   60 c.
Le même ouvrage, traduction française par
M. Lang. 1 vol. in-16, broché.   75 c.
Le même ouvrage, traduct. *juxtalinéaire*,
par M. Lang. 1 vol. in-16, br.   1 fr. 50
— *Scènes choisies du Théâtre de famille*,
texte allemand, publié avec une introduction, des notices et des notes, par

M. Feuillié, professeur au lycée Janson
de Sailly. 1 vol. petit in-16, cart.   1 fr. 50
— *Le même ouvrage*, traduction française
par M. Feuillié. 1 vol. pet. in-16, br.   1 f.50
Bossert et Beck. *Le premier livre d'allemand*, règles, listes de mots et exercices.
3° édit. 1 vol. in-16, ill., cart. toile.   1 fr. 20
Le deuxième livre d'allemand. 1 vol.
in-16 cart. toile.   2 fr. »
— *Grammaire élémentaire de la langue
allemande*; 6° édition revue et complétée.
1 vol. in-16, cartonnage toile.   1 fr. 50
— *Exercices sur la grammaire élémentaire
de la langue allemande*, en 2 parties.
2 vol. in-16, cartonnage toile :
1re partie. 4° édit. 1 vol.   1 fr. 50
2° partie. 3° édit. 1 vol.   1 fr. 50
— *Les mots allemands groupés d'après le
sens*. 6° éd. 1 vol. in-16, cart. toile. 1 fr. 50
— *Exercices sur les mots allemands groupés d'après le sens*. 1 v. in-16, cart. 1 fr. 50
— *Lectures classiques allemandes*, à
l'usage de l'enseignement secondaire,
3 vol. in-16 avec grav. cart. toile.
Lectures enfantines. 1 vol.   1 fr.
Morceaux choisis à l'usage des classes
élémentaires. 1 vol.   1 fr. 50
Braeunig et Dax. *Exercices pratiques
de langue allemande*, format in-16, cart.
Classe Préparatoire. 1 vol.   1 fr. 50
Classe de Huitième. 1 vol.   1 fr. 50
Classe de Septième. 1 vol.   1 fr. 50
Classes de Grammaire. 1 vol.   1 fr. 70

Campe. *Le jeune Robinson.* Texte allemand, 1 vol. in-16, cartonné. 1 fr. 50

Chamisso. *Pierre Schlemihl.* Texte allemand, annoté par M. Koell, professeur au lycée Louis-le-Grand. Petit in-16. 1 fr.
Le même ouvrage, traduction française. 1 vol. petit in-16, broché. 1 fr.

Chasles et Eguemann, *Les mots et les genres de la langue allemande.* 1 vol. in-8 cartonné, 2 fr. 50
Voir Eguemann

Choix de fables et de contes en allemand, recueillis et publiés avec une introduction, des notices et des notes, par M. Mathis, professeur au lycée de Toulouse. 1 vol. petit in-16, cartonné. Prix : 1 fr. 50

Contes et morceaux choisis de Schmid, Krummacher, Liebeskind, Lichtwer, Hebel, Herder et Campe. Texte allemand, annoté par M. Scherdlin, professeur au lycée Charlemagne. Petit in-16, cart. 1 fr. 50

Contes populaires tirés de Grimm, Musæus, Andersen et des *Feuilles de palmier* **par Herder et Liebeskind.** Texte allemand, annoté par M. Scherdlin. 1 vol. petit in-16, cart. 2 fr. 50

Desfeuilles. *Abrégé de grammaire allemande.* In-16, cartonné. 2 fr. 50
— *Exercices* sur l'Abrégé de grammaire allemande. In-16, cartonné. 2 fr. 50
— *Corrigé* des exercices. In-16, br. 2 fr.

Eguemann. *Le premier livre des mots, des racines et des genres en allemand*, 1 vol. in-18, cartonné. 75 c.
Voir *Chasles* et *Eguemann.*

Eichhoff. *Morceaux choisis* en prose et en vers des classiques allemands. 3 vol. in-16, cart. :
Iᵉʳ vol. : Cours de Troisième. 1 fr. 50
IIᵉ vol. : Cours de Seconde. 2 fr. 50
IIIᵉ vol. : Cours de Rhétorique. 3 fr.

Gœthe. *Gœtz de Berlichingen.* Texte allemand, annoté par M. Lichtenberger, professeur à la Faculté des lettres de Paris; à l'usage des professeurs. 1 vol. grand in-8, broché. 10 fr.
— *Campagne de France.* Texte allemand, annoté par M. Lévy. 1 vol. petit in-16, cartonné. 1 fr. 50
Le même ouvrage, traduction française, par M. Porchat, sans le texte. 1 vol. petit in-16, broché. 2 fr.
— *Faust*, 1ʳᵉ partie. Texte allemand, annoté par M. Büchner, professeur à la Faculté des lettres de Caen. In-16, cart. 2 fr.
Le même ouvrage, traduction française, par M. Porchat, sans le texte allemand. 1 vol. petit in-16, broché. 2 fr.
— *Hermann et Dorothée.* Texte allemand annoté, par M. Lévy. In-16, cart. 1 fr.
Le même ouvrage, traduction française, par M. Lévy, avec le texte allemand et des notes. 1 vol. in-16. 1 fr. 50
Le même ouvrage, traduction juxtalinéaire, par M. Lévy. In-16. 3 fr. 50
— *Iphigénie en Tauride.* Texte allemand, annoté par M. Lévy. Petit in-16, cart. 1 50
Le même ouvrage, traduction française, par M. Lévy, avec le texte allemand et des notes. 1 vol. in-16, broché. 2 fr.
Le même ouvrage, traduction juxtalinéaire, par M. Lang. In-16. 3 r. 50
— *Le Tasse*, Texte allemand, annoté par M. Lévy. Petit in-16, cart. 1 fr. 80
Le même ouvrage, traduction française par M. Porchat, sans le texte allemand. 1 vol. in-16, broché. 2 fr.
Le même ouvrage, traduction juxtalinéaire, par M. Lang. In-16. 3 fr. 50
— *Morceaux choisis.* Texte allemand, annoté, par M. Lévy. Petit in-16, cart. 3 fr.

Gœthe et Schiller : *Poésies lyriques*, texte allemand publié avec une notice littéraire et des notes par M. H. Lichtenberger, maître de conférences à la Faculté des lettres de Nancy. 1 vol. petit in-16, cartonné. 2 fr. 50

Hauff. *Lichtenstein*, parties I et II. Texte allemand publié et annoté par M. Muller, professeur au collège Rollin. 1 vol. petit in-16, cartonné. 2 fr. 50
— *Lichtenstein*, traduction française par M. de Suckau. 1 vol. in-16, br. 1 fr. 25

Hebel. *Contes choisis*, texte allemand, publié avec une introduction, une notice, des notes, par M. Feuillié, professeur au lycée Janson de Sailly. 1 vol. petit in-16, cartonné. 1 fr. 50
Le même ouvrage, traduction française par M. Feuillié. 1 vol. petit in-16, br. »
Voir *Contes et morceaux choisis.*

Heinhold. *Petit dictionnaire français-allemand et allemand-français.* 1 vol. in-16, cartonnage toile. 4 fr.

Herder. *Idées sur la philosophie de l'histoire de l'humanité.* Texte allemand; édition complète. In-16, cart. 4 fr. 50

Hoffmann : *Le tonnelier de Nuremberg* (Meister Martin). Texte allemand, annoté par M. Bauer. Petit in-16, cart. 2 fr.
Le même ouvrage, traduction française par M. Malvoisin. 1 vol. petit in-16, broché. 1 fr. 50

Kleist : *Michaël Kohlhaas.* Texte allemand, annoté par M. Koch. 1 vol. petit in-16, cartonné.   1 fr.
Le même ouvrage, traduit en français par M⁰ᵉ Ida Becker, avec le texte allemand. 1 vol. petit in-16, br.   2 fr. 50
Le même ouvrage, traduction juxtalinéaire par M⁰ᵉ Ida Becker. 1 vol. in-16, broché.   4 fr.
Koch, professeur au lycée Saint-Louis : *Cours primaire d'allemand.* 1 vol. in-16, cartonné.   2 fr.
— *La classe en allemand,* nouveaux dialogues. Petit in-16, cartonné.   1 fr.
— *Lexique français-allemand,* rédigé conformément au décret du 19 juin 1880, à l'usage des candidats au baccalauréat. 1 vol. in-16, cartonné toile.   4 fr.
Reconnu conforme à la note officielle du 29 janvier 1891.
— *Lexique allemand-français,* contenant un grand nombre de termes nouveaux et l'indication de la nouvelle orthographe allemande. 1 vol. in-16, cart. toile.   6 fr.
Kotzebuë. *La petite ville allemande,* suivie d'extraits de *Misanthropie et Repentir,* et de l'*Epigramme.* Texte allemand, annoté par M. Bailly. 1 vol. petit in-16, cartonné.   1 fr. 50
Le même ouvrage, traduction française par M. Desfeuilles, avec le texte allemand. 1 vol. in-16, broché.   2 fr.
Le même ouvrage, trad. juxtalinéaire par M. Desfeuilles. 1 vol. in-16, br. 3 fr. 50
Krummacher. *Paraboles.* Texte allemand. In-16, cartonné.   1 fr. 50
Le même ouvrage, trad. française, par M. l'abbé Bautain. In-16, br.   1 fr. 50
Lectures géographiques. Textes extraits des écrivains allemands, par M. Kuhff, avec exercices et cartes. In-16, cart. 3 fr.
Le Roy. *Recueil de versions allemandes.* Textes et traductions. 2 vol. in-16. 2 fr.
Lessing. *Fables,* annotées par M. Boutteville. 1 vol. in-16, cartonné.   1 fr.
Le même ouvrage, trad. *juxtalinéaire,* par M. Boutteville. In-16, br.   1 fr. 50
— *Dramaturgie de Hambourg.* Extraits annotés par M. Cottler. 1 vol. petit in-16, cartonné.   1 fr. 50
Le même ouvrage, traduction française, par M. Desfeuilles, avec le texte en regard. 1 vol. in-16, broché.   3 fr.
Le même ouvrage, traduction *juxtalinéaire,* par M. Desfeuilles. 1 vol. in-16, broché.   7 fr. 50
— *Lettres sur la littérature moderne et lettres archéologiques.* Extraits annotés

par M. Cottler. 1 vol. petit in-16, cart. 2 fr.
— *Laocoon.* Texte allemand, annoté par M. Lévy. 1 vol. petit in-16, cart.   2 fr.
Le même ouvrage, trad. fr. par M. Courtin, sans le texte 1 vol. in-16, br.   2 fr.
— *Minna de Barnheim.* Texte allemand, par M. Lévy. Petit in-16, cart.   1 fr. 50
Le même ouvrage, traduction française par M. Lang 1 vol. petit in-16, br. 1 fr.
Lévy (B.), ancien inspecteur général de l'Instruction publique : *Exercices de conversation allemande.* 3 vol in-16, cart. :
I. *Exercices sur les parties du discours,* à l'usage des cours élémentaires. 1 volume.   1 fr. 25
Traduction française, par M. Hildt. 1 vol. in-16, broché.   1 fr. 50
II. *Sujets de conversation,* à l'usage des cours moyens. 1 vol.   1 fr. 75
Traduction française, par M. Schmitt. 1 vol. in-16, broché.   2 fr.
III. *Sujets de conversation,* à l'usage des cours supérieurs. 1 vol.   3 fr.
Traduction française, par M. Schmitt. 1 vol. in-16, broché.   3 fr. 50
— *Recueil de lettres allemandes,* avec notes en français. 1 vol. in-16, cartonné. 2 fr.
Le même ouvrage, reproduit en écritures autographiques. 1 vol. in-8, cart. 3 fr. 50
Niebuhr. *Histoires tirées des temps héroïques de la Grèce.* Texte allemand, annoté, par M. Koch. 1 vol. petit in-16, cartonné.   1 fr. 50
Le même ouvrage, traduction française, par M⁰ᵉ Koch, avec le texte allemand. 1 vol. in-16, broché.   1 fr. 75
Le même ouvrage, traduction *juxtalinéaire,* par M⁰ᵉ Koch. In-16.   2 fr. 50
Riquiez, professeur agrégé d'allemand au lycée Henri IV. *Manuel de grammaire allemande.* Résumé des principales difficultés grammaticales enseignées par des exemples. 1 vol. in-16, cartonné   1 fr.
— *Cours de thèmes allemands.* 1 vol. in-16 cartonné.   1 fr. 50
Schordlin, professeur au lycée Charlemagne. *Cours de thèmes allemands,* à l'usage des candidats au baccalauréat et à l'École Saint-Cyr. In-16.   3 fr.
— *Traduction allemande* du Cours de thèmes. In-16, cartonné.   3 fr. 50
— *Cours élémentaire de thèmes allemands* rédigé conformément aux programmes de 1892, à l'usage des classes de 9ᵉ, 8ᵉ et 7ᵉ avec des éléments de grammaire et un lexique. 1 vol. in-16, cart.   2 fr.

Scherdlin (suite). *Lectures enfantines*, à l'usage des classes Préparatoires. In-16, cartonné. 1 fr. 25
— *Morceaux choisis d'auteurs allemands*, en prose et en vers, publiés avec des notes et un vocabulaire; in-16, cart. :
    Classe de Huitième. 1 vol. 75 c.
    Classe de Septième. 1 vol. 75 c.
    Classe de Sixième. 1 vol. 1 fr.
    Classe de Cinquième. 1 vol. 1 fr.
    Classe de Quatrième. 1 vol. 1 fr.
    Classe de Troisième. 1 vol. 1 fr. 50
    Classe de Seconde. 1 vol. 1 fr. 50
    Classe de Rhétorique (en préparation.)
Schiller. *Histoire de la guerre de Trente ans.* Texte allemand annoté par MM. Schmidt et Leclaire. 1 vol. petit in-16, cartonné. 2 fr. 50
Le même ouvrage, traduction française de M. Ad. Regnier, sans le texte allemand. 1 vol. petit in-16. br. 3 fr. 50
— *Histoire de la révolte qui détacha les Pays-Bas de la domination espagnole.* Texte allemand, annoté par M. Lange. 1 vol. petit in-16, cart. 2 fr. 50
Le même ouvrage, traduction française, par M. Ad. Regnier, sans le texte. 1 vol. in-16, broché. 3 fr.
— *Jeanne d'Arc.* Texte allemand, annoté par M. Bailly, maître de conférences à la Faculté des lettres de Lille. 1 vol. petit in-16, cart. 2 fr. 50
Le même ouvrage, traduction française, par M. Ad. Regnier, sans le texte, 1 v. petit in-16, br. 2 fr.
— *Guillaume Tell,* drame. Texte allemand, annoté par M. Th. Fix. 1 vol. in-16, cartonné. 1 fr. 50
Le même ouvrage, traduction française avec le texte en regard, par M. Fix. 1 vol., in-16, broché. 2 fr. 50
Le même ouvrage, traduction juxtalinéaire, par M. Fix. 1 v. in-16, br. 5 fr.
— *La fiancée de Messine.* Texte allemand, publié avec des notes par M. Scherdlin. 1 vol. petit in-16, cartonné. 1 fr. 50
Le même ouvrage, traduction française

par M. Ad. Regnier, avec le texte. 1 vol. in-16, broché. 2 fr.
Le même ouvrage, traduction juxtalinéaire, par M. Schnaufer. 1 vol. in-16, broché. 3 fr. 50
— *Marie Stuart,* tragédie. Texte allemand, annoté par M. Fix. In-16, cart. 1 fr. 50
Le même ouvrage, traduction française avec le texte en regard, par M. Fix. 1 vol. in-16, broché. 4 fr.
Le même ouvrage, traduction juxtalinéaire, par M. Fix. 1 v. in-16, br. 6 fr.
— *Morceaux choisis,* publiés et annotés par M. Lévy. Petit in-16, cartonné. 3 fr.
— *Wallenstein.* Texte allemand, annoté par M. Cottler. Petit in-16, cart. 2 fr. 50
Le même ouvrage, traduction française, par M. Ad. Regnier, sans le texte. 1 vol. petit in-16, broché. 3 fr.
Schiller et Gœthe. *Extraits de leur correspondance.* Texte allemand, annoté par M. B. Lévy. Petit in-16, cart. 3 fr.
Le même ouvrage, trad. franç., par M. B. Lévy. 1 vol. petit in-16, br. 3 fr. 50
— *Poésies lyriques,* texte allemand publié et annoté par M. Lichtenberger, maître de conférences à la Faculté des lettres de Nancy. 1 vol. petit in-16, cart. 2 fr. 50
Schmid. *Les œufs de Pâques.* Texte allemand, annoté par M. Scherdlin. 1 vol. petit in-16, cart. 1 fr. 25
— *Cent petits contes.* Texte allemand, annoté par M. Scherdlin, 1 vol. petit in-16, cartonné. 1 fr. 50
Le même ouvrage, traduction française, par M. Scherdlin, avec le texte. 1 vol. in-16, br. 2 fr.
Le même ouvrage, traduction juxtalinéaire, par M. Scherdlin. 1 vol. in-16, broché. 3 fr. 50
Suckau. *Dictionnaire allemand-français et français-allemand,* complètement refondu et remanié par M. Th. Fix. 1 fort vol. grand in-8, cartonnage toile. 15 fr.
Le Dictionnaire allemand-français et le Dictionnaire français-allemand se vendent chacun séparément, cart. toile. 8 fr.

2° LANGUE ANGLAISE

Alkin et Barbauld : *Soirées au logis* (Evenings at home). Extraits publiés avec des notices et des notes, par M. Tronchet, professeur au lycée de Lyon. 1 vol. petit in-16, cartonné. 1 fr. 50
Baume (P.). *Correspondance générale anglaise et française.* 1 vol. in-16, cartonnage toile. 3 fr. 50
Battier et Legrand, agrégés de l'Uni-

versité. *Lexique français-anglais,* rédigé conformément au décret du 19 juin 1880, à l'usage des candidats au baccalauréat. 1 vol. in-16, cart. toile. 4 fr.
Reconnu conforme à la note officielle du 29 janvier 1881.
Beljame (A.), chargé de cours à la Faculté des lettres de Paris. *Première année d'anglais.* 12° édit. 1 vol. in-16. 1 fr.

Beljame (suite). *Deuxième année d'anglais*, 6ᵉ édit. 1 vol. in-16.   1 fr. 25
— *First english reader*, à l'usage de la classe Préparatoire. 6ᵉ édit., 1 vol. in-16, cart. toile.   1 fr.
— *Second english reader*. Classe de Huitième. 3ᵉ éd., 1 v. in-16, cart. toile. 1 fr. 25
— *Third english reader*. Classe de Septième. 3ᵉ édit., 1 vol. in-16, cartonnage toile,   1 fr. 50
— *Exercices oraux de langue anglaise*. 1 vol. in-16, cartonné.   1 fr. 50
— *Cours pratique de prononciation anglaise*. 1 vol. in-8, cartonné.   2 fr.
Bossert et **Beljame** *Les mots anglais groupés d'après le sens*, 3ᵉ édit. 1 vol. in-16, cartonnage toile.   1 fr. 50
V. Soult.

Byron. *Childe Harold*. Texte anglais, annoté par M. Emile Chasles, inspecteur général de l'instruction publique. 1 vol. petit in-16, cartonné.   2 fr.
Le même ouvrage, traduction de M. Bellet, avec le texte. In-16, broché.   3 fr.
Le même ouvrage, traduction *juxtalinéaire*, par M. Bellet. 1 vol. in-16, 6 fr.
Chacun des trois premiers chants. 1 fr. 50
Le quatrième chant.   2 fr. 50
Choix de contes anglais publié et annoté par M. Beaujeu, professeur au lycée Condorcet. 1 vol. petit in-16, cart. 1 fr. 50
Le même ouvrage, traduction française. 1 vol. petit in-16, br.   1 fr. 50
Cook (le capitaine). *Voyages*. Texte anglais. Extraits annotés par M. Angellier. 1 vol. petit in-16, cartonné.   2 fr.
Corner (Miss). *Histoire d'Angleterre*. Texte anglais ; édition complète. In-16, cartonnage toile.   3 fr. 50
— *Abrégé de l'Histoire d'Angleterre*. Texte anglais. In-18, cartonnage toile.   2 fr.
— *Histoire de la Grèce*. Texte anglais ; édition complète. In-16, cart. toile. 3 fr. 50
— *Abrégé de l'Histoire de la Grèce*. Texte anglais. In-18, cartonnage toile.   2 fr.
— *Histoire de Rome*. Texte anglais ; édition complète. In-16, cart. toile. 3 fr. 50
— *Abrégé de l'Histoire de Rome*. Texte anglais. In-18, cartonnage toile.   2 fr.
Dickens. *Histoire d'Angleterre*. Texte anglais. In-16, cart. toile.   2 fr. 50
— *David Copperfield*. Texte anglais. In-16, cartonnage toile.   3 fr.
— *Nicolas Nickleby*. Texte anglais. In-16, cartonnage toile.   3 fr.
— *Un conte de Noël* (A. Christmas carol's). Texte anglais, publié et annoté par

M. Fiévet, professeur au lycée Henri IV. 1 vol. petit in-16, cart.   1 fr. 50
Edgeworth (Miss). *Contes choisis*, annotés par M. Motheré, professeur au lycée Charlemagne. 1 vol. petit in-16, cart. 2 fr.
— *Forester*. Texte anglais, annoté par M. A. Beljame. Petit in-16.   1 fr. 50
Le même ouvrage, traduction française de M. Beljame. In-16, broché. 1 fr. 50
— *Old Poz*, texte annoté par M. A. Beljame. 1 vol. petit in-16 carré.   40 c.
Eichhoff. *Morceaux choisis* en prose et en vers des classiques anglais. 3 vol. in-16, cartonnés :
1ᵉʳ vol. : Cours de Troisième.   1 fr. 50
2ᵉ vol. : Cours de Seconde.   2 fr. 50
3ᵉ vol. : Cours de Rhétorique.   3 fr.
Éliot (G.). *Silas Marner*. Texte anglais, annoté par M. Malfroy, professeur au lycée Michelet. Petit in-16, cart. 2 fr. 50
Le même ouvrage, trad. française. 1 vol. in-16.   1 fr. 25
Filon (Augustin). *Histoire de la littérature anglaise*. 1 vol. in-16, br.   6 fr.
Fleming. *Abrégé de grammaire anglaise*. 1 vol. in-16, cartonné.   1 fr. 25
— *Exercices*. In-16, cart.   1 fr. 25
— *Corrigé* desdits. In-16, br.   1 fr. 50
— *Cours complet de grammaire anglaise*. In-8, cartonné.
— *Exercices* par M. Aug. Beljame. In-8. 3 fr.
Foe (Daniel de). *Vie et aventures de Robinson Crusoé*. Texte anglais, annoté par M. A. Beljame. Petit in-16.   1 fr. 50
Franklin (B.) : *Autobiographie*. Texte anglais, annoté par M. Fiévet, professeur au lycée Henri IV. 1 volume petit in-16, cartonné.   1 fr. 50
Le même ouvrage, traduction française par M. Laboulaye. 1 vol. petit in-16, broché.   1 fr. 50
Goldsmith. *Le vicaire de Wakefield* Texte anglais, annoté par M. A. Beljame. 1 vol. petit in-16, cartonné.   1 fr. 50
— *Le voyageur; le village abandonné*. Texte anglais, annoté par M. Motheré. 1 vol. petit in-16, cartonné.   75 c.
Le même ouvrage, traduction française de M. Legrand, avec le texte. 1 vol. in-16, broché.   75 c.
Le même ouvrage, traduction *juxtalinéaire*, par M. Legrand. In-16. 1 fr. 50
— *Essais choisis*. Texte anglais, annoté par M. Mac-Enery. Petit in-16, cart. 1 fr. 50
Gousseau et **Koch.** *La classe en anglais*. Nouveaux dialogues. Petit in-16, cartonne.   1 fr.

Gray. *Choix de poésies*. Texte anglais, annoté par M. Legouis, maître de conférences à la Faculté des lettres de Lyon. 1 vol. petit in-16, cartonné. 1 fr. 50

Hughes. *Les trois jours de classe de Tom Brown*. Texte anglais. In-16, cart. 2 fr. 50

Irving (Washington). *Le livre d'esquisses* (The sketch book). Extraits publiés par M. Fiévet, professeur au lycée Henri IV. 1 vol. petit in-16, cartonné. 1 fr. 50
— *La vie et les voyages de Christophe Colomb*. Texte anglais, édition abrégée par M. E. Chasles, inspecteur général. 1 vol. petit in-16, cartonné. 2 fr.

Korts (G.): *Commercial terms*. Vocabulaire anglais-français et français-anglais. 1 vol. in-16, cartonnage toile. 2 fr.

Le Roy. *Recueil de versions anglaises*. Textes et traductions. 2 volumes in-16, brochés. 2 fr.

Macaulay. *Morceaux choisis des Essais*. Texte anglais, annoté par M. A. Beljame. 1 vol. petit in-16, cart. 2 fr. 50
Le même ouvrage, traduction française de M. Aug. Beljame. In-16, br. 4 fr. 50
— *Morceaux choisis de l'histoire d'Angleterre*. Texte anglais, annoté par M. Battier, ancien professeur au lycée Saint-Louis. 1 vol. petit in-16, cart. 2 fr. 50

Mac Enery, professeur au lycée Condorcet. *L'anglais mis à la portée de tout le monde*. 1 vol. in-16, cartonné. 2 fr.

Meadmore, professeur agrégé au lycée d'Amiens: *Les idiotismes et les proverbes de la conversation anglaise*, groupés d'après le plan des mots anglais de MM. Bossert et Beljame. 1 vol. in-16, cartonnage toile. 1 fr. 50

Milton. *Paradis perdu*, livres I et II. Texte anglais, annoté par M. A. Beljame. 1 vol. petit in-16, cartonné. 90 c.
Le même ouvrage, traduction *juxtalinéaire*, par M. Legrand. In-16. 2 fr. 50

Morel, professeur au lycée Louis-le-Grand. *Cours de thèmes anglais*, à l'usage des classes supérieures et des candidats au baccalauréat. 1 vol. in-16, cartonné. Prix. 2 fr. 50

Passy. *Premiers éléments de langue anglaise*. 1 vol. in-16, broché. 1 fr. 25

Pope. *Essai sur la critique*. Texte anglais annoté par M. Motheré. Petit in-16. 75 c.
Le même ouvrage, traduction française, par M. Motheré, avec le texte. In-16. 1 fr.
Le même ouvrage, traduction *juxtalinéaire*, par M. Motheré. In-16. 1 fr. 50

Ragon. *Correspondance commerciale française et anglaise*. 1 vol. in-16, cartonné toile. 5 fr.

Shakespeare. *Coriolan*. Texte anglais, annoté par M. Fleming. 1 vol. in-16, cartonné. 2 fr.
Le même ouvrage, trad. française, avec le texte, par M. Fleming. 1 vol. in-16, broché. 4 fr.
Le même ouvrage, traduction *juxtalinéaire*. 1 vol. in-16, broché. 6 fr.
— *Jules César*. Texte anglais, annoté par M. Fleming. Petit in-16, cart. 1 fr. 25
Le même ouvrage, traduction par M. Montégut, avec le texte. In-16. 1 fr. 50
Le même ouvrage traduction *juxtalinéaire*, par M. Legrand. In-16 2 fr. 50
— *Henri VIII*. Texte anglais, annoté par M. Morel. Petit in-16, cart. 1 fr. 25
Le même ouvrage, traduction française par M. Montégut. In-16, br. 1 fr. 50
Le même ouvrage, traduction *juxtalinéaire*, par M. Morel. In-16, br. 3 fr.
— *Macbeth*, Texte anglais, annoté par M. O'Sullivan. 1 vol. in-18, cart. 1 fr.
Le même ouvrage, traduction française de M. Montégut, avec le texte. 1 vol. in-16, broché. 1 fr. 50
Le même ouvrage, traduction *juxtalinéaire*, par M. Angellier. 1 vol. in-16, broché. 2 fr. 50
— *Othello*. Texte anglais, annoté par M. Morel. 1 vol. in-16, cart. 1 fr. 80
Le même ouvrage, traduction française par M. Montégut, avec le texte. 1 vol. in-16, broché. 1 fr. 50
Le même ouvrage, traduction *juxtalinéaire*, par M. Legrand, 1 vol. in-16 3 fr.
— *Richard III*. Texte anglais. In-18. 1 fr.
Le même ouvrage, traduction française par M. Bellet. In-16, broché. 2 fr.
Le même ouvrage, traduction *juxtalinéaire*, par M. Bellet. In-16, br. 4 fr.

Soult (Mᵐᵉ). *Exercices sur les mots anglais groupés d'après le sens* de MM. Bossert et Beljame. 2º édition. 1 vol. in-16, cartonnage toile. 1 fr. 50

Stuart Mill. *La Liberté*. Texte anglais. 1 vol. in-16, cartonné. 1 fr. 60

Tennyson. *Poèmes choisis*, contenant la Grand'mère (Tennyson for the young and for recitation). Texte anglais. 1 vol. in-16, cartonné. 2 fr.
— *Enoch Arden*. Texte anglais, annoté par M. Al. Beljame. 1 vol. petit in-16, cartonné. 1 fr.
Le même ouvrage, traduction française par le même. 1 vol. in-18, br. 50 c.

Walter Scott. *Extraits des contes d'un grand-père.* Texte anglais, annoté par M. Talandier. Petit in-16, cart. 1 fr. 50
— *Morceaux choisis* annotés par M. Battier. 1 vol. petit in-16, cartonné. 3 fr.

— *Les puritains d'Écosse* (Old mortality). Texte anglais, in-16, cartonné. 2 fr.
— *L'antiquaire.* Texte anglais. In-1°, c. 2 fr.
— *Rob Roy.* Texte anglais. In-16, c. 2 fr.
— *Ivanhoë.* Texte anglais. In-16, c. 2 fr.

3° LANGUE ITALIENNE

Dante. *L'Enfer,* 1er chant. Texte italien, annoté par M. Melzi. Petit in-16. 75 c.
Le même ouvrage, traduction *juxtalinéaire.* 1 vol. in-16, broché. 1 fr.
— *La Divine Comédie,* trad. française de P.-A. Florentino. 1 vol. in-16. 3 fr. 50
Dialogues français-italiens, précédés d'un abrégé de grammaire française et d'un abrégé de grammaire italienne. 1 vol. in-32, cartonné. 3 fr.
Étienne, ancien recteur d'Académie : *Histoire de la littérature italienne,* depuis ses origines jusqu'à nos jours ; 2e édition. 1 vol. in-16, broché. 4 fr.
Ouvrage couronné par l'Académie française
Machiavel. *Discours sur la première décade de Tite-Live.* Texte italien, réduit à l'usage des classes, et précédé d'une introduction en français, par M. de Tréverret, professeur à la Faculté des lettres de Bordeaux. 1 vol. in-16, br. 2 fr. 50

Manzoni. *Les fiancés.* Texte italien, précédé d'une introduction en français, par M. de Tréverret. 1 vol. in-16. 2 fr. 50
— *Le même ouvrage,* traduction française par M. Martinelli. 2 vol. in-16, brochés. 2 fr. 50
Morceaux choisis en prose et en vers des classiques italiens, publié par M. Louis Ferri. 1 vol. petit in-16, cartonné. 2 fr.
Paoli. *Abrégé de grammaire italienne.* 1 vol. in-16, cartonné. 1 fr. 25
Rapelli. *Exercices sur l'abrégé de la grammaire italienne.* In-16. 1 fr. 25
— *Corrigé des exercices.* In-16. 1 fr. 50
Tasse. *La Jérusalem délivrée.* Texte italien, expurgé à l'usage des classes, et précédé d'une introduction en français, par M. de Tréverret. 1 vol. in-16. 2 fr. 50

4° LANGUE ESPAGNOLE

Bustamante (Corona). *Diccionario frances-español.* 1 vol. in-8, relié. 17 fr.
Calderon de la Barca. *Le magicien prodigieux.* Texte espagnol, publié par M. Magnabal. 1 vol. petit in-16, cartonné. 1 fr. 50
Cervantès. *Le captif,* texte espagnol extrait du Quichotte, publié avec des notes par M. J. Merson. In-16, cart. 1 fr.
Le même ouvrage, traduction française, avec le texte en regard, par M. J. Merson. In-16 broché. 2 fr.
Le même ouvrage, traduction *juxtalinéaire,* par M. J. Merson. In-16. 3 fr.
Dialogues français-espagnols, précédés d'un abrégé de grammaire française et d'un abrégé de grammaire espagnole. 1 vol. in-32, cartonné. 3 fr.

Hernandez. *Abrégé de grammaire espagnole.* 1 vol. in-16, cartonné. 1 fr. 25
— *Exercices.* in-16, cartonné. 1 fr. 25
— *Cours complet de grammaire espagnole.* 1 vol. in-8, cartonné. 3 fr. 50
Mendoza (Hurtado de). *Morceaux choisis de la guerre de Grenade.* Texte espagnol, publié et annoté par M. Magnabal. 1 vol. petit in-16, cartonné. 90 c.
Morceaux choisis en prose et en vers des classiques espagnols, publiés par MM. Hernandez et Le Roy. 1 vol. in-16, cartonné. 2 fr.
Solis (Antonio de). *Morceaux choisis de la conquête du Mexique.* Texte espagnol, publié par M. Magnabal. 1 vol. petit in-16, cartonné. 1 fr. 80

NOUVEAU COURS

DE

GRAMMAIRE FRANÇAISE

Rédigé conformément au programme

DE L'ENSEIGNEMENT SECONDAIRE CLASSIQUE

PAR

A. BRACHET	**J. DUSSOUCHET**
Lauréat de l'Académie française et de l'Académie des Inscriptions.	Agrégé des classes de grammaire, Professeur au lycée Henri IV.

8 volumes in-16, cartonnage toile

COURS ÉLÉMENTAIRE

Grammaire française à l'usage des classes élémentaires, avec exercices. 1 vol. . . . 1 fr. 20
Exercices complémentaires et corrigés, à l'usage des professeurs. 1 vol. . . . 2 fr. 50

COURS MOYEN

Grammaire française à l'usage de la classe de 6ᵉ et de la classe de 5ᵉ. 1 vol. . . 1 fr. 20
Exercices à l'usage des élèves. 1 vol. 1 fr. »
Exercices complémentaires et corrigés, à l'usage des professeurs. 1 vol. . . . 2 fr. 75

COURS SUPÉRIEUR

Grammaire française à l'usage de la classe de 4ᵉ et des classes supérieures. 1 vol. . 2 fr. 50
Exercices étymologiques a l'usage des élèves. 1 vol. . . . . 1 fr. »
Corrigé des exercices étymologiques, à l'usage des professeurs. 1 vol. . . . . 2 fr. »

MICHEL BRÉAL et	**LÉONCE PERSON**
Professeur au Collège de France	Ancien professeur au lycée Condorcet
# GRAMMAIRE LATINE	# GRAMMAIRE LATINE
### ÉLÉMENTAIRE	### COURS ÉLÉMENTAIRE MOYEN
1 vol. in-16, cartonnage toile. . . . 2 fr.	1 vol. in-16, cartonnage toile. . . 5 fr. 20

ALFRED CROISET	**PETITJEAN**
Professeur à la Faculté des lettres de Paris	Professeur agrégé au lycé Buffon

PREMIÈRES LEÇONS DE GRAMMAIRE GRECQUE

RÉDIGÉES CONFORMÉMENT AU PROGRAMME DU 28 JANVIER 1890

A l'usage de la classe de Cinquième

Un volume in-16, cartonnage toile. . . . . 1 fr. 50

EXERCICES D'APPLICATION SUR LES

PREMIÈRES LEÇONS DE GRAMMAIRE GRECQUE

Par MM. V. Glachant, professeur agrégé au lycée Lakanal et Petitjean, professeur agrégé au lycée Buffon.

Un volume in-16, cartonnage toile . . . . 2 fr.

GRAMMAIRE GRECQUE

A l'usage des classes de grammaire et de lettres

Par MM. Croiset et Petitjean.

Un volume in-16, cartonnage toile. . . . . 3 fr.

En préparation :

Exercices d'application sur la Grammaire grecque, par MM. Petitjean et Glachant. 1 vol. in-16, cartonnage toile. . . . . ⇒ »

DICTIONNAIRES
LATIN-FRANÇAIS ET FRANÇAIS-LATIN
De L. QUICHERAT
NOUVELLES ÉDITIONS, ENTIÈREMENT REFONDUES
Par M. CHATELAIN
Maître de conférences à la Faculté des lettres de Paris.
2 volumes grand in-8°, cartonnage toile. Chaque volume.. . . . . **9 fr. 50**

LEXIQUES
LATIN-FRANÇAIS ET FRANÇAIS-LATIN
Extraits des Dictionnaires de M. QUICHERAT
Par M. SOMMER
Nouvelles éditions refondues par M. CHATELAIN
2 volumes in-8°, cartonnage toile. Chaque volume.. . . . . . . **3 fr. 75**

DICTIONNAIRE GREC-FRANÇAIS
Par M. C. ALEXANDRE
SUIVI D'UN
VOCABULAIRE GREC-FRANÇAIS
DES NOMS PROPRES DE LA LANGUE GRECQUE
Par A. PILLON
1 volume grand in-8°, cartonnage toile. . . . . **15 fr.**

ABRÉGÉ DU
DICTIONNAIRE GREC-FRANÇAIS
Par M. C. ALEXANDRE
1 volume grand in-8°, cartonnage toile. . . . . **7 fr. 50**

DICTIONNAIRE FRANÇAIS-GREC
Par MM. ALEXANDRE, PLANCHE et DEFAUCONPRET
1 volume grand in-8°, cartonnage toile. . . . . **15 fr.**

NOUVEAU DICTIONNAIRE FRANÇAIS-GREC
Par M. OZANEAUX
1 volume in-8°, cartonnage toile . . . . **15 fr.**

LEXIQUE GREC-FRANÇAIS
A L'USAGE DES CLASSES ÉLÉMENTAIRES
Par M. SOMMER
1 volume in-8°, cartonnage toile. . . . . **6 fr.**

LEXIQUE FRANÇAIS-GREC
A L'USAGE DES CLASSES ÉLÉMENTAIRES
Par M. DUBNER
1 volume in-8°, cartonnage toile. . . . . **6 fr.**

25693. — Imp. Lahure, rue de Fleurus, 9, à Paris. 10-92 — 25000

TRADUCTIONS FRANÇAISES
DES PRINCIPAUX AUTEURS CLASSIQUES LATINS
FORMAT IN-16

(Les noms des traducteurs sont indiqués entre parenthèses)

César : *Commentaires sur la guerre des Gaules* (Sommer) .... 3 fr. 50
Cicéron : *Brutus* (Burnouf)... 2 fr.
— *Catilinaires* (Thibault). . 1 fr. 25
— *Choix de lettres* (Le Clerc). 2 fr.
— *De la République* (Le Clerc). 1 fr. 50
— *Des biens et des maux*, livres I et II (Emile Charles) .... 1 fr. 50
— *Des devoirs* (Sommer)... 1 fr. 50
— *De la nature des dieux*, livre II (Le Clerc) .... 1 fr.
— *Des lois*, livre I (de Rémusat) 75 c.
— *Dialogue sur l'amitié* (Legouëz) 80 c.
— *Dialogue sur la vieillesse* (Paret et Legouëz) .... 80 c.
— *Discours pour la loi Manilia* (G. Lesage)................... 90 c.
— *Extraits des principaux discours* (Le Clerc) .... 3 fr.
— *Extraits des ouvrages de rhétorique* (Le Clerc)............... 3 fr.
— *L'orateur* (Le Clerc)........ 1 fr.
— *Philippique* (Seconde) *contre M. Antoine* (Guéroult)...... 1 fr. 50
— *Plaidoyer pour Muréna* (Thibault). 1 vol................... 1 fr.
— *Songe de Scipion* (Pottin).. 50 c.
— *Tusculanes* (d'Olivet)...... 2 fr.
Cornelius Nepos : *Les vies des grands capitaines* (Sommer). 2 fr. 50
Heuzet : *Histoires choisies des écrivains profanes* (Gilbert Leconte). 1 vol................... 3 fr.
Horace : *Epîtres* (Taillefert). 1 fr. 50
— *Odes et épodes* (Desportes) 2 fr. 50
— *Satires* (Desportes)...... 1 fr. 50
Justin : *Histoires philippiques* (de Parnajon). 2 vol............. 5 fr.
Juvénal et Perse (Despois). 3 fr. 50

Lhomond : *Des hommes illustres de Rome* (L. Duval)...... 2 fr. 50.
Lucrèce : *Morceaux choisis* (Lagrange)................... 2 fr.
— *De la Nature* (Patin)... 3 fr. 50
Ovide : *Choix de métamorphoses* (de Parnajon)............... 3 fr.
Plaute : *Morceaux choisis* (Ed. Sommer)................ 2 fr. 50
— *La marmite* (Sommer)..... 1 fr.
— *Comédies* (Sommer). 2 vol. 7 fr.
Pline le Jeune : *Choix de lettres* (Waltz) .... 2 fr.
Salluste : *Catilina et Jugurtha* (P. Croiset)................ 2 fr. 50
Sénèque : *Choix de lettres morales* (Baillard)................ 1 fr. 75
— *Lettres morales à Lucilius*, I à XVI (Baillard)............. 1 fr.
— *De la vie heureuse* (Baillard). 75 c.
— *Œuvres complètes* (Baillard) 2 volumes................... 7 fr.
Tacite : *La Germanie* (Doneaud). 1 fr.
— *Vie d'Agricola* (Rendu)...... 1 fr.
— *Œuvres complètes* (Burnouf). 3 fr. 50
Térence : *Adelphes* (Materne). 1 fr. 50
— *Andrienne* (Lemonnier).... 1 fr. 75
Tite-Live : *Histoire romaine*, livres XXI et XXII (Gaucher)..... 2 fr. 50
— livres XXIII, XXIV et XXV... 3 fr.
— livres XXVI à XXX.... .. 2 fr. 50
— *Narrationes* (Gaucher) ..... 2 fr.
— *Histoire romaine* (Gaucher) 4 volumes.............. ...... 14 fr.
Virgile : *Les Bucoliques et les Géorgiques* (Desportes) .... 2 fr.
— *Énéide* (Desportes) 2 vol.... 4 fr.
— *Œuvres complètes* (Cabaret-Dupoty). .... 3 fr. 50

26802. — Paris. Imprimerie LAHURE, rue de Fleurus, 9. — 4.93

www.ingramcontent.com/pod-product-compliance
Lightning Source LLC
Chambersburg PA
CBHW051742090426
42738CB00010B/2379